***ACCESO GRATIS** a la Lectura en la Nube*

Para visualizar el libro electrónico en la nube de lectura envíe junto a su nombre y apellidos una fotografía del código de barras situado en la contraportada del libro y otra del ticket de compra a la dirección:

ebooktirant@tirant.com

En un máximo de 72 horas laborales le enviaremos el código de acceso con sus instrucciones.

La visualización del libro en **NUBE DE LECTURA** excluye los usos bibliotecarios y públicos que puedan poner el archivo electrónico a disposición de una comunidad de lectores. Se permite tan solo un uso individual y privado

Del voto al veto. Una introducción filosófica de la transformación de los movimientos sociales

Procedimiento de selección de originales, ver página web:

www.tirant.net/index.php/editorial/procedimiento-de-seleccion-de-originales

Oscar Mauricio Donato Rodríguez

Del voto al veto
Una introducción filosófica de la transformación de los movimientos sociales

tirant humanidades
Bogotá D.C., 2024

Donato Rodríguez, Óscar Mauricio, autor
Del voto al veto : una introducción filosófica de la transformación de los movimientos sociales / Oscar Mauricio Donato Rodríguez. -- Bogotá: Tirant Humanidades, 2024.
190 páginas.
Incluye bibliografía y cibergrafía.
ISBN 978-84-1183-551-0

1. Movimientos sociales - Aspectos filosóficos 2. Movimientos sociales - Historia

CDD: 303.48401 ed. 23 CO-BoBN– a1136069

Catalogación en la publicación – Biblioteca Nacional de Colombia

EDITA: TIRANT HUMANIDADES
Calle 11 # 2-16 (Bogotá D.C.)
Telf.: 4660171
Email: tlb@tirant.com
Librería virtual: www.tirant.com/co/
ISBN: 978-84-1183-551-0

Índice

A mi abuelita, María Inés (QEPD), a su sabiduría campesina

Y en honor a las madres de todas las personas que ya no pueden protestar.

Hay, debajo de todo edificio social, la complicada maravilla de los sótanos de todo edificio grande; allí está la mina de toda filosofía, de toda política. Las Utopías caminan por debajo de la tierra. ¿Qué sale de todos estos profundos sismas? El porvenir.

Víctor Hugo, *Los miserables*

Agradecimientos

Este libro no hubiera sido posible sin la invitación a participar en el Observatorio de Paz de la Universidad Libre, así que mis agradecimientos sinceros a Jorge Gaviria, Natali Niño, Cristina Viana, Carolina Rodríguez y Paula Sánchez, Lady M. Leon Mil gracias.

De igual manera, quiero agradecer a los activistas y sindicalistas que en las entrevistas me permitieron cambiar de opinión, confirmarla o ver alternativas. En particular, quiero agradecer a la fundación ACTIVISTAS CONSTRUCTIVOS, pues las charlas con Katherine Castro, Natalia Villalobos, Estefanía Prieto y Solene Betthelier fueron fundamentales para terminar de precisar y matizar ideas que se discuten en el centro de este libro.

Otro espacio central de estos agradecimientos va con especial cariño, por un lado, a mis amigos Hjalmark Fredd Newmark y Manuel Prada, sobre todo por la calidad de los textos que constantemente me enviaron o discutimos para que mejoraran mis propias lecturas. Manuel además se encargó de que el martilleo de mi pulso que pasa a las letras saliera en formas que fueran más legibles, y creo, su corrección de estilo ayudará mucho en la lectura. Por otro lado, es momento de reconocer ahora en público a Diana Salinas, porque sin saberlo y a la distancia, me hacía comprender cosas sobre la protesta social con el valioso trabajo que hacían en su equipo de Cuestión Pública durante las protestas; cosa que hacen con todos los temas que manejan en la que es claramente la mejor fuente de investigación periodística que tiene este país.

Por último, pero no de últimos, quiero agradecer a todos los y las estudiantes que participaron de esa quijotada llamada *Del veto al Veto, una dramatización musicalizada de las transformaciones de los movimientos sociales*. Esa creación artística que presentamos sobre el último capítulo de este libro le dio espíritu y música a este ensayo; además, llenó de lágrimas un auditorio empachado de jóvenes que en silencio pedían que los libros y la investigación no se descuarticen, como exigen las actuales y destructoras modas académicas, sino que, más bien, piden con razón, que este saber salga a la calle y hablen con la gente, como hacen ellos cuando salen a marchar o a bailar. Aquellos estudiantes que participaron de dicho evento, y todas las personas que asistieron al auditorio, mi agradecimiento eterno.

Prólogo

Existir es ser percibido. Los modos en los que somos percibidos indican nuestros modos de existir. Recuerdo estar en clase virtual durante la pandemia hablando del perdón cuando un estudiante, asustado y con lágrimas, apagó su cámara y me dijo que estaba escuchando estallidos, que algo pasaba frente al CAI de su casa[1]. Me enteré así de una nueva masacre estatal que empezó esa noche y duro varios días más. Ese es el tema de este libro: ¿cómo se han transformado los modos de ser percibidos?, ¿cómo se dan las trasformaciones de la existencia de aquellos que han sido llevados al silencio y al olvido? Este libro habla de aquellos que no son percibidos. Este es, también, un libro que hace una introducción desde la filosofía política a las transformaciones de los movimientos sociales.

En el 2019, después de más de 10 años como profesor de filosofía política, decidí pedir mi traslado a otro espacio de la Universidad Libre. Amablemente fui invitado a coordinar el Observatorio de Paz y a escribir un texto sobre la protesta social. Las razones de dicha solicitud eran significativas: por un lado, se aproximaba el centenario de la Universidad Libre, una institución que nace en el fin de la Guerra de los Cien días y que desde entonces tiene como parte de su misión ser una consciencia crítica dentro su territorio, y aportar a la solución del conflicto social y político del país; al mismo tiempo, la invitación a integrar el Observatorio de Paz de la Universidad Libre ocurría mientras las calles y las veredas de muchas partes del mundo ardían.

1. CAI son las siglas de Comando de Atención Inmediata. Una estación de atención policiaca. Durante las protestas sociales de la noche del 4 de mayo y los días siguientes, tanto como las noches del 9 y 10 de septiembre más de 15 CAI o Unidades de Atención Inmediata fueron atacados por manifestantes en una de las jornadas más relevantes de protesta y violencia social reciente en la historia de Colombia.

Dos grandes focos hacían que la gente se manifestara en el mundo entero: la corrupción y el costo de vida. Sobre el primero, en Haití se protestaba contra el ahora asesinado expresidente Jovenel Moise; también en República Checa, Argelia, y Rusia, por las acciones no claras de sus respectivos gobernantes; el costo de vida y del combustible eran los ejes temáticos de medidas económicas que cuestionaban los chalecos amarillos en Francia; el polémico impuesto al WhatsApp era un tema que convocaba a protestas en el Líbano. Otras variadas razones también acompañaban las protestas en el mundo en aquel año: la autonomía de Cataluña, las deportaciones masivas desde Hong Kong hacia China a políticos críticos del régimen; y en la India se veían fuertes protestas por la apertura y nacionalización de grupos paquistaníes.

América Latina también experimentaba cómo la segregación y el olvido agrupaba existencias que querían ser percibidas: una Bolivia que sufría unas elecciones alteradas veía en noticias que Evo Morales aterrizaba en México; por su parte, el pueblo chileno se levantó inicialmente en protesta por las alzas del transporte urbano y terminó después en un referendo que dijo NO al cambio de Constitución, pero dijo SI a un joven presidente de izquierda. Otro escenario semejante de marchas y violencia se vivía en Ecuador.

Mientras tanto, Colombia, el país del Sagrado Corazón, era al mismo tiempo situado en los primeros puestos del ranking de los países más felices del mundo, y la noticia se decía en la radio mientras el descontento juvenil salía a marchar el 21 de noviembre con muchos motivos: la desaprobación altísima del Gobierno de Iván Duque, cuya impopularidad aumentó tras el desprecio con el que se habló de los ocho menores masacrados en un bombardeo en San Vicente del Caguán mientras él respondía a la prensa con su famosa frase "¿De qué me hablas viejo?"[2].

2. Nos referimos con esto a la famosa pregunta que realizó el periodista Jesús Blanquicet, del periódico El Heraldo "a quien el presidente le respondió, "¿De qué me hablas viejo?", cuando preguntó por el bombardeo en San

Y es que, como veremos, los pactos modernos del Estado tienen como fundamento el miedo a la muerte violenta, pero cuando es el Estado el que asesina, entonces el antídoto de ese miedo es la indignación. Y fue ella, la indignación, la que movilizó –como hacía mucho no se veía– las calles colombianas, lo que sin duda fue un ambiente importante para que esas juventudes olvidadas se vieran identificadas y participaran de manera singular en la elección del nuevo presidente del país, Gustavo Petro.

Se sumó a esto otro fenómeno: lo que para muchos fue la tragedia del COVID-19, para el gobierno de Iván Duque fue una gran salvación. Llegaba la sindemia (que no pandemia[3]) a un país con 21 millones de personas pobres, siete millones de ellos en pobreza extrema, que no comían más de 2 veces al día; y con un desempleo formal que superaba el 15 % según las cifras oficiales. El encierro por el COVID-19 resultaba devastador en un país que vive al "pan de cada día" y en el reino de la informalidad.

Posteriormente, en abril del 2021, el desconocimiento del país que gobernaban presidente de Colombia, ministros y alcaldes, sumado al

Vicente del Caguán en el que murieron ocho menores de edad" Posteriormente, el entonces presidente Duque aseguró "no haber escuchado la pregunta" mientras que el periodista señaló haber sido objeto de ataques a su vida. Mientras tanto buena parte de la opinión social quedó con el sabor amargo de que el presidente no sólo sabia de lo que se le preguntó, sino que su respuesta fue primero cinico y luego que, subvaloró los sentimientos sociales. (NOTICIAS, 2023)

3. Recordemos que una pandemia mienta el incremento de infecciones transmitidas en más de dos continentes y estas infecciones alcanzan un punto de transmisión local, es decir, el virus se encona localmente y no es exportado. Por su parte, la sindemia se define no solo por la cantidad de contagios locales, sino por cómo está se propaga debido a enfermedades preestablecidas como por ejemplo la diabetes, y también en relación con el impacto a sectores socioculturales más empobrecidos. (¿Epidemia o sindemia?, 2021).

desprecio sobre su población, desencadenó una nueva oleada de protestas. Hablo puntualmente de la reforma tributaria propuesta por el entonces Ministro de Hacienda Alberto Carrasquilla, que en ese contexto de la economía frenada por la corrupción y el COVID-19 pretendía recoger con gravámenes más de veinte cuatro billones de pesos, lo que caló muy mal en los ánimos de una sociedad que ya pasaba enormes dificultades sociales y económicas. A eso se sumó que de parte del Estado se continuó con la masacre permitida por maniobras jurídicas que reprimían a la población en medio de las protestas, acompañada de su indiferencia ante la violación de protocolos por parte de la Policía Nacional de Colombia, todo un escenario gubernamental pensando desde el viejo truco del enemigo interno para mantener el orden estatal. Mientras tanto, los organismos internacionales tenían dificultades para hacer su visita y confirmar lo que las redes sociales visualizaban en un *#nosestanmatando*[4].

Por su parte, los viejos gremios, encabezados por el señor Francisco Maltes de la Central Unitaria de Trabajadores (CUT), sostenían en la prensa que esas nuevas manifestaciones "no tenían organización", ni tenían futuro. ¿Quiénes eran aquellos olvidados y sin futuro? Los jóvenes que ni estudian ni trabajan, popularmente conocidos como los "*Los nines*".

Los protagonistas de esta historia entran al final. Una amplia movilización de los sectores más populares y de las clases medias educadas se mantuvo consistente durante varios días. Es verdad que un sol no hace primavera, pero estos fueron días soleados en medio del invierno del abuso, la corrupción y la indiferencia. Reivindicaciones artísticas hablaban de las nuevas identidades, las cuales se configuraban en los cuerpos de quienes marchaban, especialmente los cuerpos femeninos que son

4. Durante las jornadas de protesta y represión policiaca para aplacarlas, muchos hashtags fueron virales, entre ellos #SOSColombia, #Colombiaprotesta, pero quizás, el más famoso y claro fue #nosestanmatando, que recorrió el mundo mientras en Colombia muchos civiles fueron golpeados, asesinados y violadas por las autoridades policiacas y militares

también botín de guerra y que fueron sistemáticamente violados. En estas mismas marchas hubo manifestación no solo en nombre de la redistribución, sino también y en especial en nombre del reconocimiento. No fue solo la indignación ante el comportamiento del Gobierno; las avenidas con nombres de colonos españoles fueron rebautizadas y con esto la memoria entró en disputa. Las estatuas de antiguos héroes de la clase alta independentista fueron resignificadas con los rostros de jóvenes más o menos anónimos y populares; caso semejante ocurrió con terminales de transporte que se volvieron centros de resistencia o eje de un nuevo modelo de educación menos indexada y más popular; incluso, un CAI fue tomado primero de manera violenta, pero después, y durante varios días, tras la violencia estatal y urbana, fue reconvertido en un centro cultural. Explicar cómo se llegó a esto es el propósito de este ensayo.

Es verdad que tiempo después la reforma tributaria fue aprobada al viejo y burocrático estilo del "pupitrazo", es decir, a espaldas de la de la voluntad de las mayorías. También es verdad que ese mismo congreso aprobó a puerta cerrada la ley de seguridad ciudadana que le da piso jurídico a un estatuto de seguridad que traduce por "espada" los gritos de "justica" que suenan en las calles. También es cierto que durante esos 90 días entre abril y julio hubo muchos asesinatos, 790 heridos, más de 25 mujeres fueron violadas, 313 personas fueron detenidas ilegalmente, 941 denuncias por abuso de poder se recibieron en la Human Rights Watch, que responsabiliza a la Policía Nacional de Colombia de al menos 25 homicidios (Human Right Watch, 2022).

Pero el propósito de este libro y de este breve resumen no es hacer una historiografía del conflicto social. Hemos hecho este compendio de noticias para marcar los protagonistas que serán intérpretes de la obra que sigue a continuación. En este libro hablaremos de la comprensión filosófica que se tiene del miedo en política, y cómo su contrario no es la valentía, sino la indignación, lo que se vuelve un motor de la movilidad social; hablaremos del origen del pacto y de los fundamentos que este tiene, pero también de sus deficiencias y de sus distancias con los integrantes de su comunidad.

Dijimos también que entidades internacionales tuvieron mucha dificultad para venir a Colombia a confirmar lo que las redes sociales ya mostraban, y estos son otros elementos de nuestro libro, pues acá hablaremos de los problemas de gobernabilidad internacional, los problemas de la globalización y los medios de comunicación en un mundo social que gira alrededor de la protesta. Nuestro resumen de noticias también mostró que el presidente de la CUT tenía una visión que acá vemos anticuada, lo que él llamó desorden en organización de los movimientos sociales, lo mostraremos como un nuevo actor de aquellos movimientos que debe ser entendido bajo un nuevo prisma sociocultural. De la misma manera, marcamos cómo este nuevo movimiento social gira alrededor de la búsqueda de identidades, del reconocimiento y de la disputa por la memoria. Aunque no se haya conseguido "esa" victoria de los viejos movimientos, sostenemos que se logró otra victoria de cualidades diferentes, un modo de la protesta social que tiene nuevos motivos, estrategias y metas. Por tanto, es necesario distinguir aquellos movimientos sociales como el obrero de estos nuevos movimientos sociales.

Esta última relación entre el modelo antiguo de la organización obrera (que gira en torno a la redistribución) y los nuevos activismos más mediáticos (que giran sobre el reconocimiento) nos dan la clave de lo que persigue el análisis de este libro: después de analizar las formas y ejercicio del poder, y tras revisar las trasformaciones del capitalismo ante el cual se movilizan los actores sociales, vamos a poder ver de mejor manera cómo los movimientos obreros conquistaron el voto y cómo los nuevos movimientos sociales conquistaron el veto.

Introducción

Este libro es una introducción filosófica a las transformaciones que tienen los actores de los movimientos sociales. Este gesto va desde la conquista del voto por parte del movimiento obrero hasta la victoria del veto por parte de un nuevo actor que acá analizamos y llamaremos 'altercativistas'. Pero ¿qué buscamos responder?

En los primeros capítulos nos preguntamos ¿Cuáles son las direcciones desde donde se puede ejercer el poder? Y ¿cuáles son las definiciones de aquel poder? Posteriormente vamos a preguntarnos ¿cuál es la relación entre el poder estatal y el capitalismo?, y finalmente, ¿Quiénes son los actores de la protesta social y cómo se transforman hasta llegar a las nuevas protestas sociales?

LA HIPÓTESIS DE NUESTRO TEXTO

El primer y más importante interés de este libro es hacer una introducción a los elementos centrales de los movimientos sociales. La meta es presentar la relación entre estado-capital y movimientos sociales. Ahora bien, tras la revisión y análisis de muchos textos clásicos de la sociología y de la historia de los movimientos sociales, apareció una idea: revisar las transformaciones de los movimientos sociales nos conducía a mirar la influencia de un autor poco tratado para estos temas y que, sin embargo, resultaba cada vez más importante: la influencia de la obra de Nietzsche en el posestructuralismo ayuda a entender de manera importante la transformación de los movimientos sociales que, pasan de la búsqueda o conquista del poder político a las luchas por el reconocimiento de las subjetividades y la creación de espacios de libertad, entendida como no dominación dentro de pequeñas micro comunidades.

A razón de esta hipótesis, el objetivo de nuestro libro –y también así su estructura– es revisar primero los fundamentos filosóficos y políticos del origen del Estado. En el primer capítulo, hacemos una reconstrucción de la idea de poder en una unidad estatal. Para esto tenemos dos visiones: una de ellas que surge desde arriba y hacia abajo, apoyados en las visiones teóricas que del poder tienen Thomas Hobbes y Carl Schmitt, a las cuales le contraponemos una visión del poder más bien horizontal que está fundamentada en la construcción teórica que Hannah Arendt hace de la mano de la función del ciudadano y del poder aristotélico. A esta distinción entre lo político y la política que surgen como criterios de análisis de los movimientos sociales le hemos puesto una metáfora proveniente de *Los viajes de Gulliver,* que tiene que ver con el origen del conflicto en aquel famoso texto, es decir, desde dónde se debe cortar un huevo, si desde arriba (lo político) o desde abajo (la política).

En el segundo capítulo, el lector encontrará una metáfora sobre el nacimiento y la caída de un gigante cuyos pies son de barro: ese gigante es la democracia liberal. Así pues, hacemos una reconstrucción histórico-filosófica de la noción de Estado que surge y crece trayendo consigo, por vía del cristianismo, una noción de respeto y de cuidado para unos sujetos que habían sido históricamente olvidados, a los muchos, a los que la literatura de Víctor Hugo llama *los miserables* y Dostoievski, *las pobres gentes.* En esta parte del ensayo analizamos cómo nace la posibilidad de pensar en estos actores y cómo serán los protagonistas de los movimientos sociales en el interior de ese Estado que nace y muere.

Nuestro siguiente capítulo está dedicado a las transformaciones de aquellas *pobres gentes*. Empieza en el *Corazón de las tinieblas*, el capitalismo. Acá se reconstruye cómo dentro de ese Estado y de sus formas de capital se organizan las comunidades humanas, y es que entender las protestas y los movimientos sociales obliga a entender el tipo de capitalismo sobre el cual se protesta. Por eso, tras la reconstrucción de esa relación Estado-Capital le sigue una reconstrucción teórica del estructuralismo marxista, que será fundamento y también inspiración del movimiento obrero. Después de esto hacemos una reconstrucción histórica de las transformaciones del capitalismo, esto es, del paso o cambio que tiene el capitalismo desde la revolución industrial al capitalismo fordista, pues tales sucesos históricos ponen un nuevo contexto con el cual se hace necesario un tipo de análisis diferente de los movimientos sociales. Acá pasaremos del marxismo a la escuela funcionalista americana, y más especialmente a la teoría de la movilización racional de los recursos de Charles Tilly y Sídney Tarrow, acompañados por los aportes de la teoría de *Donatella della Porta.*

No se olvide quien este libro lee que, aunque jugamos y apostamos una hipótesis (la importancia de Nietzsche en la subjetividad de los Nuevos Movimientos Sociales) el libro tiene una función o interés principal: introducir de manera filosófica a las trasformaciones de los movimientos sociales. Por eso una vez hacemos este análisis que nos lleva desde el estructuralismo marxista al funcionalismo americano, volvemos a los contextos de transformación social, política y económica que dan pie a una nueva y tercera interpretación de los movimientos sociales. El corazón de las tinieblas cambia nuevamente, es decir, el capitalismo se transforma hacia el hipercapitalismo y esto impacta lo suficiente como para que hablemos de un nuevo criterio de análisis en los movimientos sociales, esta vez, tienen por conquista o victoria el rechazo a las instituciones democráticas y sus formalidades ciegas. En esta última parte del ensayo reconstruimos la influencia de Nietzsche en el posestructuralismo para ver cómo esto es clave en la transformación en los movimientos sociales, porque impacta en las prácticas de resistencia en el cuerpo, y cómo y por qué tienen por propósito las microcomunidades horizontales, es decir, comunidades de no denominación.

En este punto, nos apoyamos en los análisis de los cambios en las revoluciones de Inglenhardt y Guatari, pero también en los análisis que de los medios hace recientemente Emiliano Terré, y de manera más clásica Manuel Castells; también encontramos apoyo en la sociología de lo postsocial de Alain Touraine y Gregory Players, así como en la filosofía política de las prácticas de la contrademocracia de Pierre Rosanvallon. Con ellos sostenemos que los nuevos movimientos sociales, aunque coexisten con una vieja visión de los movimientos sociales que buscan la redistribución, tienen otras categorías, integrantes y criterios, que dependen más de las necesidades del contexto que de algún sustrato teórico que los oriente, y que sus búsquedas son las resignificaciones del cuerpo y la subjetividad. Creemos que, más que la búsqueda del poder, más que conquistar el voto como sus antecesores, los nuevos movimientos sociales que se apoyan en las redes sociales tienen por propósito la obstrucción del poder, es decir, su conquista es el veto.

NOTA METODOLÓGICA

La que presentamos ahora es una investigación que avoca varias disciplinas y áreas. Entre ellas se encuentran principalmente la filosofía política y social, la sociología cualitativa y algunos elementos de la historiografía y la ciencia política. Lo que hacemos es usar herramientas hermenéuticas y exégesis de textos, así como análisis de datos significativos del problema.

Por último, queremos insistir nuevamente en un elemento que hace al espíritu del libro: aunque apostamos por una hipótesis que intentamos sostener después del capítulo cuatro, todo el libro esta llevado por el deseo pedagógico y lúdico de hablar a un lector que se introduce a los Movimientos Sociales. Esto impacta en el estilo, tono y ritmo del texto. Por eso, quien lea encontrará que nuestra forma tiene el propósito de hacer lo más claro posible un entramado teórico largo y complejo; así, el texto está lleno de metáforas que tienen por propósito facilitar la discusión, y creo que el apoyo en la literatura no solo ha mejorado mi lenguaje y me ayuda a ser más claro, sino que además puso un puente entre el corazón y la boca, de tal manera que escapando a ese lenguaje técnico y excluyente de las actuales modas de investigación, intenté un escrito que no cayera en imprecisiones pero que tampoco cayera en exclusiones y pueda leerse amenamente, al fin y al cabo, la escritura y la lectura son dos cara de un mismo modo de ser humano, demasiado humano.

Capítulo 1

¿Por dónde se corta un huevo? Dos miradas del poder sobre la protesta

En *Los viajes de Gulliver*, Jhonatan Swift (1993, parte I, capítulo 4)[1] nos habla de una querella, aparentemente estúpida, entre los habitantes de Liliput y lo de Blefuscu. Según los unos, la forma correcta de abrir el huevo era por su parte angosta; según los otros, la forma correcta era abrirlo por su parte ancha. La lectura más inocente conduce a pensar que se trata de un libro de niños que nos muestra que la guerra tiene orígenes inverosímiles; otra lectura, una histórica, nos marca una disputa entre católicos y protestantes; una última nos marca la diferencia entre los antiguos y los modernos.

La reseña que empezamos ahora parecería una reseña infantil a propósito de los huevos y la política, si no fuera porque de lo que se entienda por "la política" o "lo político" pende el destino de la interpretación sobre la protesta.

Así como dos visiones a propósito de cómo romper el huevo, vemos que existen al menos dos miradas sobre la protesta: ambas concluyen en la cabeza, pero dependen de dónde se hace el énfasis, si en el vientre o en el corazón del ser humano. Esto se expresa, gramaticalmente, en la discusión sobre un artículo: una cosa es hablar de *lo* político, otra cosa es hablar de *la* política.

1. Evidentemente se trata de una metáfora satírica: los partidarios de romper el huevo por su lado ancho representan a los católicos; los otros son los protestantes; todo esto a razón del cisma político-religioso de la Inglaterra y la Irlanda de Enrique VIII.

EL MINOTAURO: LA MIRADA DEL VIENTRE O LA ASOCIACIÓN POR NECESIDAD

Cuando hablamos de "lo" político estamos hablando de los fenómenos y de las decisiones que se toman en torno a lo que ocurre en una comunidad estatal. Así las cosas, esta visión del Estado, más fenoménica, excluye la moral, la estética, la economía y la forma de orden de un gobierno dentro de la contienda fáctica de dos o más modos de vida.

Para la llamada *"real politik"* todas estas esferas (la de la economía, la moral, la estética) son el resultado de la contienda. Así, el vencedor de la disputa ordenará el campo moral, el campo de la estética, la economía etc. Su posición de victoria lo deja en el lugar privilegiado del creador del espacio político. Dicho de otro modo, el orden de la comunidad nace de la decisión del bando ganador, que se adjudica con la victoria la interpretación soberana para sí, y organiza desde sí a la comunidad y el orden nuevo (Schmitt, 2006).

Esta postura indica que no existe una naturaleza de la moral, la economía o la estética, tampoco un orden político, y la construcción del orden proviene de la creación humana, estrictamente de un bando: el vencedor en el conflicto.

Así las cosas, vemos en el importante pasaje del capítulo XV de *Il Principe* que Maquiavelo habla del deber ser y del comportamiento del príncipe con sus gobernados *"Resta ora a vedere quali debbio esere e modi e governi di uno príncipe"*, nos dice Maquiavelo desde este ángulo, indicando que es una victoria hablar de la política desde lo útil para el orden de la comunidad. Acá lo "útil" (*utile*) y el deber ser (*debbino essere*) están puestos en los ojos del gobernante.

Es sobre esto que parece hablar Maquiavelo cuando sostiene que no hablará ya de la política desde todo lo imaginado o desde el discurso del deber ser (*dovrebbe essere*), sino desde la *verita effettuale*, esto es, sobre la realidad de los hechos o la situación dada de hecho; a su vez, contrapone dos tipos de gobernantes y príncipes: el uno más liberal (*liberale*), generoso (*donatore*) y compasivo (*piatoso*); y otro, visto como mísero-avaros (*misero*), rapaces (*rapace*) y desleal (*fedifrago*). Estos calificativos vienen, claro, desde el deber ser de las mayorías (*il popolo*) que están fuera del poder. Pero, recordemos, Maquiavelo acá está hablando para aquel que quiera hacerse al poder y conservarlo, y no para las mayorías o los adeptos a las repúblicas.

Así las cosas, aquel que quiera tener el poder (*potere*) para sí y mantener el orden dado (*lo stato*) tendrá que conformarse con cumplir parcialmente el deber ser, o aparentarlo, e incluso, abandonarlo si le resulta útil o necesario (Maquiavelo, 2011, pág. 163) Desde acá, la protesta es un fenómeno que el gobernante no debe permitir, y podrá faltar al deber ser de la moral si esto le sirve para mantener el poder, incluso, prometiendo y no cumpliendo; pero sobre todo, si quiere gloria, deberá esforzarse para mantener las condiciones ordenadas y satisfechas de su población[2]. No se trata del poder *per se*.

Continuando con esta mirada, la que se denomina "realista", vemos que se entiende al ser humano como a un minotauro: con cabeza y razón, pero sobre todo como una bestia con necesidades impulsadas por el pecho y el estómago. Un ser así, difícilmente puede pactar y vivir con otros, por lo que necesita de la espada. Esta es también la famosa mirada que del hombre tiene Thomas Hobbes.

El más famoso de los libros de Hobbes se titula *El Leviatán*. Su nombre proviene de un mítico monstruo bíblico del antiguo testamento (Job 41:1-34), lo que dio pie a no pocos problemas de interpretación[3].

2. Sobre este tema véanse de la misma obra los capítulos VI (Sobre la relación Virtud y Fortuna), XVI (Sobre el ganarse enemistad del pueblo), XVII (De si es mejor ser amado que temido) y XVII (De cómo mantener la palabra dada).
3. Al respecto puede leerse la profunda interpretación de Carl Schmitt sobre la portada del *Leviatán*, según la cual "esta no opera como una simple representación plástica de una idea, o como una comparación de la teoría del Estado hecha a gusto de la Ilustración, ni como una cita cualquiera; es más bien un símbolo mítico, con un trasfondo repleto de sentido" (Schimitt, 2006,

Seguramente Hobbes colaboró con varias de las interpretaciones del Estado como un animal violento y caótico, pero la verdad es que Hobbes entiende el Estado no como algo negativo, sino como algo muy positivo y necesario para el hombre, esto es, como la posibilidad de una convivencia ordenada y pacífica, garantizada por la espada.

Ya desde el subtítulo vemos muchas cosas fundamentales para la comprensión de la obra. El subtítulo del *Leviatán* (tan importante para su comprensión como su portada) indica sus temas y su orden: el texto se llama *Leviatán: materia, forma y poder de una Res-publica cristiana y eclesiástica*. Este subtítulo indica con claridad para el lector paciente (el que se abstrae del prejuicio histórico) muchas cosas importantes, entre ellas las siguientes: la materia (ὕλη, para los griegos después de Aristóteles) es aquello de lo que está hecho algo y para lo cual su composición favorece. En este caso, la república está hecha de hombres y para hombres, de allí la fundamental importancia del estudio antropológico que tiene la primera parte del libro.

Hobbes estudia al hombre porque quien quiera hablar de política tiene que saber de qué está hecho el hombre que integra la comunidad. La forma indica su presentación, esta puede ser de distintos modelos o moldes; así como un pastel puede ser de molde redondo o rectangular, una república puede ser una monarquía, una aristocracia, una democracia. Acá vale recordar que el origen de la palabra "constitución" mienta no un libro que consagra las aspiraciones y reglas de un pueblo, sino su naturaleza y aspiraciones, tanto como sus límites (Strauss L. , 2011). Por ejemplo, una persona cuya naturaleza es delgada debe esforzarse mucho en aumentar su masa muscular, mientras que una persona con ten-

pág. 16). Esto conduce a ver que, más allá de su contenido, una época que lee con imágenes pierde fácilmente este sentido de la división entre lo privado y lo público. Atrapado en la imagen mítica del Leviatán, y acompañado del ideario de la Ilustración, el lector habría quedado, dice Schmitt, muy imbuido del monstruo de la portada y perdido de su contenido y deber ser.

dencia a la obesidad debe cuidar su salud y peso, pues en ambos casos, la musculatura o la tendencia a la obesidad son, como dirían tan sabia y aristotélicamente las abuelas, su constitución.

Por ello vemos que el estudio de esta materia, el hombre, es la primera parte del *Leviatán*. Así, estudiar al hombre es empezar a comprender el Estado pues "mediante el arte se crea a ese gran Leviatán que se llama república, o Estado [*civitas* en latín], y no es sino un hombre artificial, aunque de estatura y fuerza superiores al del natural, para cuya protección y defensa fue pensado" (Hobbes, 2003) e insiste Hobbes también en su prólogo: "quien ha de gobernar a toda una nación debe leer en sí mismo a la humanidad" (Hobbes, Leviatan, 2003).

Después de saber la materia y la forma, observamos que Hobbes advierte las cualidades de transformación y límites de aquel constructo imaginario que se llamará Estado. Al hablar del poder del Estado, Hobbes piensa no solo en su origen y transformación, sino también en sus límites. Por eso es tan importante no perder de vista el *Behemoth* o el parlamento ancho (1688), ese otro libro de Hobbes, hermano del *Leviatán* (1651) que narra las guerras civiles de Inglaterra y que nos pone alerta sobre los límites y poder del Estado según su materia y forma.

Dado que el *Leviatán* habla de la materia de la que está compuesta el Estado, el estudio de la primera parte del libro sobre las pasiones y las facultades humanas es de importancia mayúscula. Este apartado conduce a Hobbes a varias consecuencias. La primera es que la ciencia requiere de un estudio de la ética para controlar lo justo y lo injusto. La segunda remite a que se necesita de la filosofía política para el manejo de las instituciones dentro de una república. En la tercera, Hobbes define el poder de un hombre en particular como aquello determinado "por los medios para obtener algún bien futuro", lo cual es relevante en la medida en que "el mayor de los poderes humanos es el compuesto con los poderes de la mayoría de los hombres unificados por el consentimiento de una persona natural o civil" (Hobbes, Leviatan, 2003, pág. 100). Este poder que se transfiere por medio de la imaginación (pág. 132) atiende al propósito de vivir en paz y en unidad, lo que obliga a la obediencia. La cuarta consecuencia se refiere a que las pasiones naturales del hombre conducen a la creación artificial de ese gran hombre que se llama república. El propósito del nacimiento de la república es "cuidar de su propia preservación y conseguir una vida más dichosa" (pág. 163) Esto da lugar a la creación, por medio de la facultad de la imaginación o la trasferencia, escuchemos al propio Hobbes:

> [...] una multitud de hombres se hace una persona cuando son representadas por un hombre o una persona siempre que se haya hecho con el consentimiento de cada uno en particular de los de aquella multitud, *pues es la unidad del mandatario, no la unidad de los representados*, lo que hace una, y es el mandatario el portador de la persona. La unidad en multitud no puede entenderse de otra forma (Leviatan, pág. 158).

Como es bien sabido, este hecho de nacimiento del Dios Mortal es el nacimiento de una persona "cuyos actos ha asumido como autora una gran multitud por pactos mutuos de unos con otros, a los fines de que pueda usar la fuerza y los medios de todos ellos, según considere oportuno para su paz y defensa común" (Leviatan, pág. 167) El nacimiento de este soberano que representa a la mayoría supone una serie de derechos entre los que nos interesan principalmente[4] la facultad de representar a todos los pactantes, tanto a aquellos que voten a favor, como aquellos que voten en contra, por lo que, asume Hobbes, el soberano no podrá ser cambiado (no se puede cambiar la forma de gobierno o régimen). Es el derecho del soberano a ser juez de lo necesario para mantener la paz y la defensa de sus súbditos lo que incluye la defensa de la paz, la comprensión y acción de los obstáculos y perturbaciones de dicha paz, evi-

4. En el capítulo XVIII, se describen los derechos que Hobbes prescribe para el soberano: las acciones del soberano no son acusables por el súbdito; así, el soberano es juez de lo necesario para la paz y tiene derecho a hacer las leyes, hacer juicios y decidir en controversias, hacer la guerra y la paz, elegir a sus consejeros, compensar y castigar, así como a honrar.

tando la discordia interior (Leviatan, pág. 171), esto incluye un elemento no menor para quien intenta rastrear la protesta. Escuchemos a Hobbes:

> Juzgar cuáles son las opiniones y doctrinas adversas, y cuáles conducen a la paz y, por consiguiente, determinar además en qué ocasiones, hasta dónde y sobre qué se permitirá a los hombres hablar a multitudes de personas, y quiénes examinarán las doctrinas de todos los libros antes de ser publicados (Hobbes, Leviatan, pág. 171).

No cabe la menor duda de que para los oídos modernos, oídos posteriores a la Revolución Francesa y las declaraciones de los Derechos Humanos, estas palabras solo pueden sonar a melodía perturbadora, que impide no solo la protesta social, sino además la libertad de expresión, de imprenta y de opinión. Sin embargo, para Hobbes el pacto que conduce a la obediencia tiene límites, como se verá enseguida.

En opinión de Hobbes, la obligación de la obediencia que se inscribe en el pacto es la renuncia a libertad, entendida como "la ausencia de impedimentos externos que trata de "vivir así todo el tiempo que la naturaleza concede a los hombres vivir" (Hobbes, 2003, pág. 132). Esta primera ley natural está acompañada de esta otra: "esforzarse por mantener la paz, en la medida que espere obtenerla, y que cuando no pueda obtenerla, puede entonces buscar y usar toda la ayuda y las ventajas de la guerra".

Escuchemos:

> El motivo y fin por el que esta renuncia y transferencia de derecho se introduce no es otra cosa que la seguridad de la persona de un hombre, en su vida y en los medios de preservarla para no cansarse de ella (Hobbes, 2003, pág. 135).

Así las cosas, en el pacto se hace la trasferencia de la libertad por la obediencia, a condición de la protección de la vida y también del aseguramiento de los medios que hacen la vida deseable.

Revisemos las consecuencias de esto. En primer lugar, siguiendo a Strauss (2006, 2011), observamos que esto bien puede hacer valer a Hobbes el lugar de padre del liberalismo político moderno. Hobbes entendería que es función del Estado no solo preservar la vida, sino además incentivar y proteger los bienes que la hacen deleitable (Strauss, 2006)

En segundo lugar, se observa que, por extensión, la relación del pacto obliga a pensar que en el momento en que el Estado no pueda asegurar la vida y los medios que hacen agradable la vida, dicho pacto se pierde. Bajo esta lógica, la obediencia se empaña con causa, y la protesta parece legítima. Pero Hobbes mismo se encarga de no dejar esto a la especulación.

Cuando Hobbes encara el tema de los derechos de los ciudadanos, enumera varios derechos no alienables en el pacto[5], entre los que nos interesa centralmente este: la libertad para defender sus derechos, incluso en controversia contra el mismo soberano. Dejemos hablar al autor en su propia voz:

"Si un súbdito tiene una controversia o querella con el soberano sobre una deuda, o sobre el derecho a la posesión de una tierra o de un bien, o una controversia sobre un servicio requerido de las manos del soberano o vinculada a cualquier pena, corporal o pecuniaria, fundamentada sobre una ley anterior, el súbdito tiene la misma libertad para defender su derecho ante el soberano como si se tratara de otro súbdito, y tiene el derecho de realizar la defensa de ello ante los jueces designados"[6].

Así las cosas, y en un resumen necesariamente estrecho, observamos que Hobbes entiende la naturaleza problemática del hombre y su necesidad de pactar. El pacto tiene por principio el temor natural de la muerte violenta, y por camino, la facultad de la imaginación. Todo el aparato antropológico con el que inicia el libro es soporte de la posterior creación de

5. En la segunda parte, capítulo XXI, las libertades respecto del pacto son las siguientes: defensa del propio cuerpo; matarse a sí o matar a otro; a acusarse a sí mismo; ir a la guerra; obedecer el pacto en un secuestro o en destierro y defenderse ante el soberano en un tribunal.
6. La versión en ingles del texto dice: "If a subject have a controversy with his sovereign, of debt, or of right of possession of land or god, or concerning any service required at his hands, or concerning any penalty, corporal or pecuniary, grounded on a precedent law; he hath the seme liberty to sue for his right, as if it were against a subject; and before such judges, as are appointed by severing"

aquel animal llamado Estado, cuyo poder, límite y forma, se condensan en la formulación del pacto: protección a cambio de obediencia.

Así las cosas, dentro de una geografía dada, los pactantes acuerdan, por un lado, otorgar existencia a un ente imaginario que cuidará de sus vidas haciendo uso de la espada contra toda amenaza vital. Hobbes está principalmente, pero no exclusivamente, interesado en la invasión extranjera, y esa es la función del Estado desde las fronteras hacia afuera. Ahora bien, de las fronteras hacia adentro –y esto resulta muy importante, aunque olvidado– la función del Leviatán es cuidar las fronteras de la vida pública y hacer que las convicciones y creencias de la esfera privada se guarden allí[7]. Cuando esto no ocurre, cuando una esfera sobrepasa a la otra, esto es, cuando el parlamento se hace ancho, Hobbes entiende una violación del pacto inadecuada y problemática: esto es lo que hace el monstruo anfibio del Behemoth, pasarse de una esfera a la otra, y es lo verdaderamente grave y tiránico para Hobbes. El que es verdaderamente monstruoso y problemático es el Behemoth, no el Leviatán (Dotti, 2011).

Este pacto es extrañamente vertical. Los privilegios del soberano sobre los del ciudadano son amplios, pero no son absolutos. Parte de los derechos que el ciudadano conserva para sí y tienen que ver con la posibilidad de entrar en querella con el soberano, aunque no de cualquier modo, pues, en un pensamiento como el de Hobbes, esta relación tensa con el Leviatán se hace no solo de modo pacífico y parlamentario (pues lo otro sería retornar al estado de la naturaleza o al peor de los males, la

7. A este respecto, resulta extraordinariamente original la lectura que de Hobbes hacía Leo Strauss cuando era un joven profesor en Inglaterra. En *La filosofía política de Hobbes, su fundamento y génesis*, Strauss (2006) demuestra que, por un lado, el fundamento real de la filosofía de Hobbes no es la ciencia moderna y, por otro lado, que si el principio rector del Leviatán es cuidar las fronteras (del enemigo exterior, en lo público; y de lo privado y lo público en el interior), entonces Hobbes puede ser entendido como padre del liberalismo moderno.

guerra civil); además, este derecho a protestar se ejerce de modo parlamentario, no en las calles por medio de protestas.

Este último elemento resulta revelador. Observamos que dentro de la verticalidad de las relaciones que existen entre el soberano y el ciudadano hay un breve espacio para la querella, pero esta debe ser solo pacífica y por vía parlamentaria

La mirada fenoménica del Estado entiende que este es un producto de la mirada de una realidad fáctica (*verita effettuale*), como nos diría Maquiavelo, cuyo producto posterior es un ordenamiento en donde ahora sí se radican la moral, el orden, la economía y la estética. Lo político mira al hombre como a un minotauro, mitad razón, mitad bestia; por ello requiere de la espada. Sin embrago, eso no implica brutalidad pura y dura. Es mejor ser amado que temido (Maquiavelo), y tener las fronteras internas tranquilas, donde la vida de los ciudadanos sea próspera y dichosa (Hobbes).

El propósito del pacto es que el Dios Mortal o Leviatán otorgue seguridad al exterior y paz al interior, así como la protección de la vida y los bienes. En su interior, el Soberano no puede permitir una guerra intestina, pues esto sería el retorno al estado natural. Las querellas deben arreglarse dentro del ordenamiento estatal de modo pacífico. Por tanto, incluso en la mirada más estricta y vertical de la soberanía, la protesta y el distanciamiento con el soberano tienen asidero.

Habíamos dicho antes que existen dos formas de ver la comunidad humana, de la misma forma que en *Los viajes de Gulliver* existen dos formas de romper un huevo. Aquella que ve al hombre como a un centauro problemático, con cabeza y vientre, pero también mitad bestia, como lo hace Hobbes (entre otros), y aquellas otras miradas de quienes entienden que el vínculo y la asociación entre seres humanos es algo natural; esta es una asociación no llevada exclusivamente por la necesidad, sino también por el deseo. Si la primera es una mirada de la política desde el vientre del hombre, la que sigue es una mirada desde el corazón.

2. PALABRA CON CORAZÓN: LA ASOCIACIÓN POR EL DESEO

Decimos que esta es una mirada desde el corazón porque entiende que los vínculos humanos son naturales y deseables y, por ende, son previos al contrato. Esta mirada entiende la necesidad de la vinculación con el otro, no solo porque de ello depende el intercambio para cubrir las necesidades de todo ser humano, sino porque su énfasis está en el deseo y el vínculo con el otro, no ya para sobrevivir, sino para vivir bien. Si en la mirada del minotauro o del realismo político existe un pacto de protección a cambio de obediencia, acá encontraremos una mirada que, por naturaleza, quiere incluir al otro y a sus modos.

Así las cosas, cuando hablamos ya no de "lo" político (en singular), sino de "la política" (que es un plural), hablamos de las vidas de los seres humanos dentro de una común-unidad. Esto indica varias cosas, fundamentalmente las siguientes: primero, lo que parece una mera diferencia en el artículo (el neutro: "lo" político; o el femenino plural "la" política) implica más bien una antropología y una ontología. Así, visto desde "la política", se mienta que la condición humana está dada desde la pluralidad de formas de vida dentro de la comunidad. Segundo: esta comprensión de la política conduce a entenderla exclusivamente como una construcción por el consenso y la acción discursiva (y no como un orden asimilado por una realidad fáctica). Esta mirada supone que allí donde inicia la violencia y se silencia al ser humano se termina la política, se termina la condición humana y empieza su animalidad. Veamos.

Cuando Aristóteles dice que "el hombre es por naturaleza un animal político" (καὶ ὅτι ὁ ἄνθρωπος φύσει πολιτικὸν ζῷον) no está haciendo una definición, está deduciendo un hecho. Arendt nos dirá que con este adjetivo "a lo que se refería (Aristóteles) era a la particularidad del hombre que podía vivir en una *polis* y que la organización de esta representaba la suprema forma de convivencia, y es, por tanto, específicamente humana" (Arendt, ¿qué es política?, 2006, pág. 151).

De hecho, *La Política* de Aristóteles empieza haciendo una definición de la comunidad humana, desglosando sus partes (la casa οἶκος, la aldea (κοινὴ), la polis, πόλις)[8] para así entender cuál es el animal que vive en dicha común-unidad. Así las cosas, encuentra que el animal de dicha comunidad tiene, como otros, la capacidad de producir sonidos (φωνὴ), pero el sonido (φωνὴ) es apenas una indicación de placer o dolor que pertenece también a los otros animales. Este tipo de animales son mucho más perfectos, pues no requieren de más para comunicar sus necesidades, les es suficiente con esto para su perfecto desarrollo. Pero no es así el caso de los animales humanos.

La naturaleza otorga al hombre la capacidad de dar sentido a las cosas y completar o desarrollar aquello faltante, y estos son elementos discursivos que van más allá de la capacidad fonética. Acá aparece el don de la palabra o la acción discursiva (Λόγος). Esta posibilidad de iniciar actos con otros, que Arendt llamara "natalidad", significa "tomar iniciativa", "comenzar algo en conjunto", como lo indica la palabra "inicio". No se trata solo de iniciar acciones (discursivas), sino de acompañar aquel movimiento y regirlo. Por eso, la palabra griega significa tanto nacimiento, origen, como mando y conducción (Arendt, 2000, pág. 207).

Esta facultad se formó alrededor del del *pnix*, "se concentraba en hablar con los demás sobre algo (...) Bajo el signo de la *peitho* (persuasión)

8. Evidentemente no es interés de este ensayo ahondar sobre este particular. Resumamos así: de este modo, el οἶκος es la más primaria forma de asociación de los humanos, e incluye seres vivos como plantas y animales, las relaciones de producción entre esclavo (δμώς) y amo, macho y hembra, adulto y niño. Esta se establece de cara a la sobrevivencia. La aldea (κοινὴ) por su parte, es una asociación de diversos intercambios que complementa la sobrevivencia anterior, pero se da entre los adultos hombres. Finalmente, la polis (πόλις) es la asociación de hombres libres de necesidades (en razón de las actividades y orden dados por la "casa" οἶκος y la aldea (κοινὴ)*; por tanto, libres para entrar en actividad con otros semejantes dentro de un número limitado de personas con un territorio en común con fines de lograr la vida buena. Véase:* (Aristóteles, Politeia, 1991) (Aristóteles, Etica a Nicomaco, 1982, pág. Libro V) (Ross, 1957) (Berti, 2012) (Taylor, 2007)

divina (...) es una fuerza de convicción y persuasión que rige sin violencia ni coacción entre iguales y que lo decide todo" (Arendt, pág. 193). Esto es el verdadero poder, lo que acontece concertadamente entre los seres humanos que ejercen su acción discursiva (Arendt, 2005, pág. 60). A razón de esto, la política no es, y no pude ser, violencia.

Por tanto, la cualidad distintiva del ser humano es que es éste "el único entre los animales dotado de palabra" (λόγον), esto es, no solo del sonido gutural o fonético (φωνὴ), sino más bien la facultad imaginaria y discursiva de emprender una acción junto con otros habitantes de la polis (πόλις) para proceder entorno a lo que es conveniente (τὸ μόνον ἀγαθοῦ) o nocivo (καὶϲκακοῦ), justo (καὶ δικαίου) o injusto (καὶ ἀδίκου) (Aristóteles, Politeia, 1991)

Como se ve, el *quid* del asunto no es que el hombre tenga el don de la palabra, sino que esta lo faculta para expresarse dentro de su común-unidad a propósito de una serie de cosas como lo bueno y lo malo, lo justo y lo injusto, esto con el fin de transformarlo en beneficio de la vida misma en común-unidad. Todo por medio de una acción iniciada y conducida por estos mismos humanos, a lo que Aristóteles le sumará que tal uso tiende a la búsqueda de la felicidad (εὐδαιμονία), entendida como el florecimiento de todas las facultades humanas dentro de una comunidad limitada de seres con autarquía (αὐτάρκεια). Entiéndase acá autarquía no como la noción moderna e individual de autoabastecimiento y autogobierno, sino en un sentido bastante más amplio: es una noción que habla de la comunidad, no del individuo y, por ende, habla de la pluralidad de los hombres que, de camino al florecimiento de todos los individuos en la mejor de las comunidades, hacen de la vida de todos digna de ser vivida, pues están libres de necesidades y en la libertad de actuar junto con sus iguales. Vista así, la vida del hombre es necesariamente plural, y su acción es una acción discursiva.

La política termina allí donde inicia la violencia. Para poder hablar se necesita de otro en condición de igualdad, y quien tiene instrumentos, esto es, quien usa la violencia, tiene fuerza, lo cual hace parte de la naturaleza, no de la convención o la política (Arendt, ¿qué es política?, 2006, pág. 187) La política teje un puente desde el corazón, se anida en la boca que se expresa y se une con la cabeza. Dado que una acción política es una cosa concertada entre los muchos, la persuasión no requiere de espada, no requiere de instrumentos. De tal modo, esta visión de la política excluye la violencia. La política inicia y termina allí donde aparece la violencia, entendida esta como aquella fuerza de carácter instrumental que somete al otro.

Pero, para ser libre, nos recuerda Arendt (2006, pág. 152), hay que estar libre de la necesidad de ganarse el pan diario. Este es uno de los problemas de los protestantes, pues son jurídicamente libres, pero esta libertad es una formalidad de papel, pues materialmente no son libres para actuar; de hecho, sus reclamos son sobre el pan, o sobre el reconocimiento de sus derechos. Entonces, ¿para qué nos sirve este recorrido por la definición de la política?

No se trata de un deseo de retorno al *peplo* griego. Quien desea el retorno al *peplo* de la Grecia clásica desea también el retorno a sus medios de producción: la esclavitud y la guerra. Tampoco se trata de copiarlos. Hablamos de esta idea de la política "porque ciertas ideas y conceptos que durante un breve tiempo fueron plena realidad son determinantes para las épocas a las que la experiencia de la política les es negada" (Arendt, ¿qué es política?, 2006, pág. 155).

Quiere decir esto que el mundo actual carece o no vive una idea de política en libertad. Puede ser que se tengan unos derechos, que se marche en búsqueda de otros, pero no en libertad en este sentido. Es decir, esto muestra que existen sujetos libres de necesidades, pero no existen comunidades libres, y en tal sentido, dichos sujetos que están libres de necesidades no son ciudadanos libres[9]. Cuando decimos que esta idea de la política tiene por actores a aquellos que no se preguntan por su

9. Veremos más adelante (de la mano de Honneth) cómo estos seres padecen de una específica patología social y su libertad también está diezmada

pan diario, decimos que los protestantes, los marchantes, caminan y gritan por las calles principales de sus ciudades en nombre de distintas reivindicaciones y reconocimientos, incluida una idea: la libertad política. No estar atados a la inmediatez de la sobrevivencia para que su participación pueda ser efectiva.

CONCLUSIONES SOBRE LAS CÁSCARAS DEL HUEVO

Como se vio, las dos formas de romper el huevo no son un tema menor: son dos visiones de la vida humana y de los vínculos entre humanos.

Mientras que la primera, la visión de lo político, parte de un supuesto antropológico negativo, y por ello mantiene la espada cerca, en todo caso entiende la necesidad del bienestar y la concordia dentro del Estado, esto es, dentro del orden ya establecido. De esto se desprende una noción de paz bastante económica o simple: control de los cuerpos y las vidas dentro de la geografía estatal, cuidado de los cuerpos y de los bienes de los ciudadanos. También podemos deducir y agregar, que esta mirada indica una cierta hegemonía de la memoria y unos medios parlamentarios e institucionales para que las querellas en el seno de lo establecido se resuelvan con un tercero neutral y superior a los involucrados, un juez que evite que la discordia alcance niveles de intensidad superior y conduzca con ello a la guerra intestina, incluso cuando el acusado es el mismo soberano. No se explica o entiende desde este ángulo cómo el soberano no es juez y parte, pero se asume que el concepto de representación hace que estas fuerzas sean distintas.

La segunda visión, la de la política, mira al hombre como necesariamente plural. Su noción de poder no es la de un ejercicio (mucho menos un ejercicio de fuerza instrumental), sino la de un acontecimiento entre los habitantes de dicho mundo o comunidad. Esta compleja noción de la acción discursiva hace de la política un ejercicio que permite y requiere de la crítica, lo que incluye medios no violentos, pero sí incisivos contra las autoridades.

Hemos dicho, además, que esta visión de la política depende de un grado de libertad no conocido por la mayoría de los habitantes del planeta tierra, pero –justamente por eso–, es un modelo para aquellos que buscamos mejores y más solidarias formas de vida. Así como la conciencia de que la paz es un absoluto no cognoscible, pero no por ello un camino que deba abandonarse, así, esta visión de la política no es un retorno al modelo político griego, sino más bien un ejemplo positivo que desnuda las vergüenzas propias. Si una sociedad se levanta a buscar "el pan nuestro de cada día", se asume como una sociedad no libre y no puede evitar plantearse el camino para serlo, y para intentarlo existen múltiples senderos, entre ellos, las protestas de los Movimientos Sociales

Capítulo 2
Nacimiento y muerte del gigante estatal

El capítulo anterior nos sirvió para ver dos modos de distinguir la protesta social. Tenemos que ver la protesta de arriba hacia abajo, lo político y entiende sus vínculos como un contrato de protección por obediencia. El otro ángulo, entiende la democracia de un modo horizontal, la política. Los dos polos entienden el progreso y la paz como un valor de la democracia, pero discrepan no solo sobre de los modos de entender la protesta, sino también sobre el rol mismo de los protestantes.

Para lo político es cuestión de procedimientos parlamentarios. Para la política la protesta es resultado de la insuficiencia de dichos procesos parlamentarios

En este capítulo vamos a ver cómo las dos versiones para romper el huevo empiezan a confundirse justamente gracias a que las estructuras del poder empiezan a mostrar sus grietas, por lo cual la mirada que llamamos "desde arriba" y la mirada que llamamos "horizontal" empiezan a confundirse.

En la primera parte del presente capítulo analizaremos algunas definiciones de la democracia liberal y trazaremos un comentario sobre su crisis actual, esto es, la de su definición, cultura, estructura y aparatos de acción. Esto nos conducirá al análisis de la trasformación del modelo de gobierno y ejercicio del poder de las democracias liberales, es decir, el desgarramiento o crisis de la democracia liberal, lo cual nos llevará al examen de la aparición y cualidades del populismo. Una vez tengamos claros cómo nace y muere el Estado moderno, conseguiremos proceder al análisis de los actores viejos y nuevos que realizan las protestas.

Como puede suponer el lector, este capítulo no quiere hacer una autopsia detallada de la muerte del Leviatán; más bien, queremos hacer una descripción de la crisis en la que se desdibujan los horizontes políticos en los cuales aparecen los actores de la movilización social. Y es que entender la crisis o desgarramiento histórico y conceptual de la democracia nos permitirá entender de mejor modo a aquellos que por medio de las protestas se manifiestan ante los abusos del poder, pero que lo hacen bajo la estructura social del modelo en crisis, es decir, a los sindicatos, agremiaciones etc.; y después, al comprender esta crisis de la democracia y de la cultura, nos será posible entender a esos actores de los movimientos sociales que queremos conceptualizar y llamamos "alter-activistas".

1. NACE UN GIGANTE CON PIES DE BARRO

Por fortuna, no es propósito de este ensayo reconstruir en detalle las versiones del nacimiento de la democracia liberal y representativa. Nos alcanza, por ahora, con mencionar algunas de sus ideas centrales. Sobre su origen, remarcaremos dos que se enlazan entre sí, esto es, la idea de la historia de la democracia como un proyecto metafísico de Dios en la tierra, y la historia de la democracia como proyecto histórico. Esto porque la posterior mezcla de las dos hará parte de los síntomas y causas de la muerte del Estado liberal moderno.

De algún modo, la primera es una versión bastante difundida de la democracia, y al mismo tiempo, poco comentada. La vimos todos a través de la serie de películas de Semana Santa que nos narraba la historia sagrada, la cual es, al mismo tiempo, el relato del sentido de la historia y la democracia. Reconstruyamos el argumento de un gran pensador en un magnífico libro: Agustín de Hipona en su famosa *Ciudad de Dios* (Agustin, 2002)

Dios crea "todo"; ese "todo" incluye el tiempo, pues no existía antes de la creación, y todo lo existente en la Tierra. Separa la luz de las tinieblas, los animales de la tierra y del agua, y luego (según el primer mito de la creación, el más interesante y democrático) hace la cúspide de su obra: crea al hombre y a la mujer, por igual, del barro. Hasta acá tenemos la historia de la creación y de Adán y Eva. Luego de esto viene la decisión (palabra clave para la democracia) de comer el fruto prohibido.

Después, llegan una serie de historias igual de interesantes y todas centradas en la decisión individual de un actor que acarrea premios, culpas y castigos. Así, vemos la decisión de Caín de matar a Abel; la de Noé de guardar en el arca un tipo de moral y empezar una nueva comunidad humana o las historias de Abraham y Moisés que son a su vez iniciadores de un nuevo tipo de vida en la tierra, pero Moisés, además, es héroe y un legislador de su pueblo que morirá sin llegar a la tierra prometida. Luego viene el relato de David, el humilde pastor del pueblo que vence al gigante y poderoso Goliat, sino que, además, es una historia que refuerza valores morales del triunfo del débil y pequeño sobre el fuerte, gracias al valor de la valentía y la humildad; adicionalmente, esos valores morales nos vinculan a una postura política, pues este relato traza una dinastía que empieza en David, convertido ahora en un sabio rey, llegando hasta Jesús, nacido en Belén, quien nuevamente nos presenta el relato de un pastor humilde que vence a un gigante poderoso, ahora llamado Roma, y lo vence ya no con una lanza y una piedra, sino con una nueva enseñanza: el amor y el perdón (Agustin, 2002).

Según el relato bíblico y la interpretación que de esta hace Agustín, Jesús vence porque este no es solo un individuo mortal cuya vida acaba en la cruz tras un gran sufrimiento, sino que, su muerte es toda una predestinación divina de Dios mismo puesta así porque con el fin de su vida corpórea en la tierra, empieza una historia ya no lineal desde el nacimiento hasta la muerte, del tiempo en la tierra; con Jesús-Cristo, es decir, el elegido de Dios, arranca una historia que trasciende al tiempo, lo mortal y corpóreo. En efecto, se relata que Jesús, además de ser el hijo de María y el pastor de Israel, es Cristo, es decir, el hijo de Dios. Por ello, su vida no es solo un relato lineal en el tiempo, sino también un corte desde el cielo a la tierra, un punto de inflexión y no retorno entre el tiempo que pasa y el que trasciende, el eterno.

Y esta es la oportunidad para una nueva comunidad entre los habitantes de la Tierra y el cielo, en especial, una nueva oportunidad para los desvalidos, los pobres, los ciegos, los leprosos, las prostitutas, los desarraigados, los pobres, etc. Entonces, se bautizan y se reúnen en torno a tal creencia, que en griego se dice ἐκκλησία (iglesia) (Agustin, 2002)

Para el año 380 Imperio romano ya era cristiano. Resulta que para que el gran filósofo medieval y padre del cristianismo, Agustín de Hipona, el sentido mismo de la Historia era idéntico al desarrollo del cristianismo. Así, una verdad que podemos interpretar a la luz de los hechos y que nos cuenta, nada más y nada menos, que la historia tiene sentido, y que este sentido no es solo el trascurrir de la vida de los hombres desde el nacimiento hasta la muerte, sino que tales vidas están atadas a un destino mayor, pues la historia de la humanidad se despliega, expande y desarrolla dentro de una idea ético-política: la democracia radical cristiana. Revisemos esto.

La idea es más o menos la siguiente: por un lado, los filósofos suelen decir que lo esencial y lo verdadero es lo que permanece en los cambios (hablando con palabras importantes de la filosofía, esta es *οὐσία* o esencia) Y Agustín no necesita mucho para mostrar en medio de la crisis política en la que escribe (¡la Roma de Occidente cayó!) que la iglesia cristiana sigue en pie (Agustin, 2002, pág. Libro III). Esto es, que la comunidad del cielo está viva y se mantiene a pesar del cambio y que, por lo tanto, es lo esencial y verdadero, mientras que la comunidad de la Tierra, el gran imperio de Roma, murió.

Por otro lado, el filósofo esboza un argumento relativamente sencillo: todo lo que existe es creado (después discutimos quién o qué es el creador); como fuere, el creador es padre de todo lo creado. Entonces, todos los seres creados son hermanos o cercanos, son prójimos (*Proximus* o próximos en latín). Todos fueron creados libre e iguales, como Adán y Eva (Agustin, 2002, pág. Libro XIII). Si esto es así y todos son libres e iguales, ¿por qué habría de gobernar uno entre los iguales y no todos? Para el filósofo Agustín se deduce que el orden legítimo, justo, y perfecto, acorde con la naturaleza y la Historia sagrada, es un gobierno entre libres e iguales (Agustin, 2002, pág. Libro XVII). Por tanto, otro modo de gobierno carece de lógica, piensa Agustín, también maestro de lógica. Acá tenemos entonces un origen de la historia de la democracia que está atravesada por una serie de valores que propenden por favorecer al desvalido, al menesteroso, al pobre, al olvidado, y que nos une a todos por igual. Tenemos, pues, un origen de la democracia, un origen cristiano, claro.

2. EL ESPÍRITU DE LA HISTORIA ES LIBERAL

El tránsito entre el gran pensador medieval y los modernos está dado por Thomas Hobbes y su famoso *Leviatán,* nombre de herencia bíblica –como ya se anotó–tomado del libro de Job (40, 41). Pero dado que ya en el capítulo anterior nos dimos a la tarea de reconstruir su esfuerzo teórico, nos sentimos eximidos de hacerlo nuevamente acá. Solo anotamos una cosa: el intento de Hobbes por dar sentido a la agrupación de seres humanos está rodeado de las disputas religiosas de Inglaterra. No es casual, entonces, que el intento por hacer una *res-publica* cristiana fuera cediendo, y los intentos por discutir su fundamento meta-histórico se fueran transformado en una discusión con intentos de ser ya no cristiana, sino laica.

Así entonces, debemos ver que el argumento del gran pensador y también padre de la iglesia se agotó, y los modernos dejaron de discutir la premisa central del proyecto cristiano, esto es, la existencia de Dios y la posibilidad de conocerlo por un medio que no sea la revelación.

Para el momento en que el filósofo Immanuel Kant en su *Crítica de la razón pura* (2005) se preguntaba: ¿qué podemos conocer? y ¿qué podemos esperar de tal conocimiento?, mucha agua había corrido debajo del puente de la democracia de Occidente. Los descubrimientos de Galileo y de Newton habían enseñado, entre otras cosas, que conocimiento es solo aquello que podamos medir científicamente, y para las mediciones científicas, el filósofo francés, Rene Descartes, había ideado un método para tener conocimiento claro y que distinguiera una cosa de la otra.

A su vez, en 1807, el gran pensador G. F. W. Hegel hacía una reinterpretación de la historia apoyado en todos los pensadores pasados. Intentemos una versión ligera y lúdica. La Historia, decía Hegel, es una especie de niño que va creciendo y va tomando conciencia de sí mismo. De sus derechos individuales tomó nota cuando vivió en Jerusalén (*Espíritu subjetivo*); más tarde ese niño se trasladó a Grecia, fundamentalmente a Atenas, y allí conoció ya no la vida individual, sino más bien su contrario, la vida colectiva (*Espíritu objetivo*). Así, este niño llamado el *Espíritu absoluto de la Historia* terminó de crecer y pasó a una etapa más madura Y es que las dos experiencias contrarias no hacen sino madurar y fortalecer a ese niño que va creciendo y por fin se traslada, en su adultez, a vivir a Europa, más exactamente, bajo la idea de Estado moderno. Ubicado ahora allí, habiendo conocido tanto lo individual o subjetivo de su pasado en Jerusalén, y habiendo experimentado la excelencia de la vida pública y colectiva de los atenienses, está listo para vivir la síntesis producto de tales experiencias, el Estado liberal moderno. Este era todo el sentido de la historia y también de la filosofía, que con este proceso de maduración llega a su fin último; y cree Hegel se encuentra ya "desembarazada" de la premisa de la existencia del Dios que nos había contado Agustín. El fin de la historia es entonces el desarrollo del Estado bajo el nombre de Napoleón, cabalgando junto con los ideales de la Revolución francesa; y el fin de la filosofía supone el final del desarrollo de este saber absoluto de la historia y la filosofía bajo el nombre de él, G. F. W. Hegel.

Así las cosas, el fundamento de la democracia tenía que ser otro, o aparentemente sería otro. La idea de que todos somos iguales era un coro que tenía cada vez más acogida entre el público, en especial entre un nuevo público, el burgués, que quería el poder de los reyes; y todavía más coreado entre el público más trabajador, que quería una vida mejor y más justa. Y es así como, entre los avances de la ciencia y esas "revueltas" nada menores que llamamos las revoluciones, primero en América y luego en Francia, buena parte de Occidente llegó a la conclusión según la cual no indagaría más sobre la existencia de Dios para hacerla soporte de las formas de gobierno, ni tampoco en si esto hace que todos seamos iguales, sino que declaró como piso sólido y suficiente una verdad. Escuchemos: "Sostenemos como evidentes estas verdades: que todos los hombres son creados iguales; que son dotados por su Creador de ciertos derechos inalienables; que entre éstos están la vida, la libertad y la búsqueda de la felicidad"[1].

1. Esta es el prefacio de la declaración de independencia de los Estados Unidos. Tomado de los archivos nacionales de los Estados Unidos.

Fijémonos en varias cosas. Primero, la revolución hace una autoproclamación, es decir, dice haber encontrado ya una verdad sobre la cual poner todo orden. Segundo, se declara que todos son iguales por el Creador, y esto no disputa con quién o qué fue el creador. ¡Es una súper promoción que incluye a todos! Tercero, la declaración mantiene la teleología o destino hacia el cual se despliega, pero esta vez es el destino no de un único pueblo, sino un destino laico. Aunque estas no son definidas, parece más bien un problema individual que colectivo. Es claro con esto que se mantienen muchas premisas de los valores morales del cristianismo, y la teleología o destino natural de la vida, pero ya no se sostiene la metafísica de la existencia del Dios cristiano.

Pero el texto de la declaración continúa diciendo que:

> Para garantizar estos derechos se instituyen entre los hombres los gobiernos, que derivan sus poderes legítimos del consentimiento de los gobernados; que cuando quiera que una forma de gobierno se haga destructora de estos principios, el pueblo tiene el derecho a reformarla o abolirla e instituir un nuevo gobierno que se funde en dichos principios, y a organizar sus poderes en la forma que a su juicio ofrecerá las mayores probabilidades de alcanzar su seguridad y felicidad.

¿Qué importancia tiene esto?, se preguntará alguien. ¡Mucha! Decimos que es una diferencia significativa porque acá vemos que la democracia ya no es una cosa que nazca de manera natural entre la organización de los hombres, como se decía antes, sino que esta es un resultado artificial, es una probabilidad fabricada o convenida por las acciones humanas; implica, además, que para esa construcción se necesitan métodos, esto es, procedimientos. Agregamos algo: esta forma de orden es para todas las personas y no para unos pocos, y en la medida en que se trata de un procedimiento o un método, podrá irse llevando, poco a poco, a todas partes, desde París y Boston, lugares donde empezaron las revoluciones, hasta la pequeña isla de Nauru en el Océano Pacífico.

***

Dijimos al inicio de este aparatado que no era nuestro interés hacer una historia de la democracia liberal moderna. Nuestro propósito es esbozar –de un modo claro y lúdico– el recorrido de esta idea para señalar el nacimiento y la crisis del Estado en donde surgirán las protestas y sus actores. En este aparatado hemos transitado parte de ese camino y resaltamos varias cosas: la moral de los protagonistas, la individualidad de los actores

En primer lugar, transitamos por la idea cristiana del héroe humilde, que toma decisiones individuales acerca de su comportamiento dentro de una comunidad, por ejemplo, el pastor que con escasos instrumentos –una cauchera o la palabra– vence al gigante que está en el poder, llámese Goliat o Roma. Así, los actores protagónicos del relato bíblico serán los fatigados, los desplazados, los pobres, las prostitutas, los ciegos, los leprosos, etc. Con esto nació la defensa de los derechos de aquellos a los que después defenderá Don Quijote, primer héroe moderno, quien luchará contra los gigantes de la técnica, los molinos de viento, y en defensa de aquellas pastoras pobres de las que el caballero de la triste figura quiso "desfacer sus entuertos"; así nacen aquellos que Víctor Hugo llamará *los miserables* y Dostoievski, *pobres gentes*. Estos serán los actores de la modernidad y, por allí derecho, nacerán los actores de los movimientos sociales.

Por otro lado, este breve esbozo nos muestra que tales valores morales fueron sostenidos en la época de las revoluciones políticas. Tanto franceses como americanos sostenían no solo la idea de la democracia, sino su ampliación para beneficio de aquellas *pobres gentes*. Ahora bien, la distancia entre el filósofo cristiano y los distintos pensadores modernos –desde Hobbes y los liberales ingleses, hasta los pensadores de la Ilustración– está orientada a un nuevo asunto y no es menor: los modernos sostendrán la idea de la democracia, pero no entienden que esta sea un asunto natural, como crecen los frutos de los árboles, esto es, como algo dado por la Historia y la creación *per se*; sino que más bien la entienden como producto del acuerdo humano, racional e instrumental, que se construye y, sobre todo, se garantiza, conforme a métodos y procedimientos, fundamentalmente de un contrato. Con esto ya estamos casi listos para hacer ahora una definición genérica de la democracia liberal y representativa más contemporánea. Pero permitámonos una digresión. ¿Y qué pasa con la democracia griega?

A muchos historiadores les gusta hacer un recorrido que empieza desde la democracia griega, la de Solón y Pericles (Herman, 2005) (Erick, 1957). Esto tiene sentido en la medida en que algunas instituciones o algunos ideales pueden tener este origen del mundo griego clásico. Nos gusta pensar en esa democracia de hombres (sí, únicamente hombres) vestidos con peplos, de un blanco envidiable, que en medio de impresionantes edificios de mármol (construidos por esclavos) discutían sobre la liberad. Pero esta idea tiene también muchos problemas. La bibliografía sobre esto es amplia y no la vamos a resumir acá, pero mencionemos algunas cosas.

Por un lado, la comunidad griega se llamó *Polis* y se desarrolló por poco tiempo, básicamente en Atenas. Esta era una comunidad definida para escasos ciudadanos (Aristóteles, Politeia, 1991). Estos ciudadanos eran libres de tareas gracias a una institución social que hoy no sería admitida, al menos no formalmente: la esclavitud. Así, los grandes discursos de los pensadores estaban sostenidos por el trabajo en las canteras de los esclavos (Berti, 2012).

Otro tanto ocurrió con algunos de los valores de la democracia antigua. En efecto, no existían los individuos en la Atenas clásica. La mayoría de los historiadores están dispuestos a aceptar esta idea. Así las cosas, Sócrates era un ciudadano de Atenas, no un individuo singular, por eso el exilio era una pena tan grave, pues solo existían los hombres dentro de su comunidad. Y no solo se trata de que no existen esos derechos individuales, sino que valores como la "libertad" y la "autonomía" no se le aplicaban a una persona en su cuarto privado (que tampoco existían), sino a los grupos, es decir, Atenas era *libre de* necesidades gracias al trabajo esclavo, y era *libre de* la invasión y de los modelos de los gobernantes persas gracias a las luchas de sus habitantes; en este sentido, la autonomía era del pueblo, no de los individuos. Así, los hombres atenienses que tenían determinada renta *eran libres para* autogobernarse en una democracia directa (Berti, 2012). A razón de estas cosas, sostenemos, la democracia moderna tiene más pies en la idea y valores cristianos que en los valores clásicos. Y aunque resulta comprensible que aún hoy muchos usen la gastada fórmula de Antígona para predicar sobre el individuo que se opone a la ley, siguiendo la versión de Hegel; o que también encontremos a quienes sostienen que la [muy trillada] historia de Diógenes tomando el sol y despreciando el poder de Alejandro el grande es el origen de los Derechos Humanos; lo cierto es que muy pocos de los expertos en el mundo griego están dispuestos a aceptar tal vínculo entre una democracia y otra, pues la igualdad de los hombres por el solo hecho de ser nacidos es algo que no resulta pensable en una cultura como la griega, en la que las acciones individuales eran para ganarse un lugar en el mundo común, y en donde la libertad de actuar y de ponerse normas era para los grupos. Y es que la igualdad (ἰσονομία) de los griegos mienta otra cosa: eran iguales ante las leyes de la comunidad que habitaban, pero no iguales entre ellos, y mucho menos iguales por el simple hecho de nacer (Mosses, 2003).

Con todo lo anterior, hemos recorrido brevemente el proceso de nacimiento y maduración de una idea gigantesca que recorre casi el mundo entero. No se trata solo de una forma de organización de los asuntos humanos (que en breve sintetizaremos), sino de una gigantesca idea que por un par de siglos creció en Occidente y le otorgó por algún tiempo sentido; una idea que sonó en la conciencia de importantes personajes públicos, en las líneas de grandes pensadores y escritores, y en las obras de geniales músicos y artistas, una idea según la cual los seres humanos podrían encontrarse libres de conflictos y vivir en igualdad, libertad y fraternidad.

3. CAE Y MUERE UN GIGANTE. LA DEMOCRACIA LESIONADA

La sangre de los gigantes demora en enfriarse.

F. Nietzsche

Acordemos una definición simple y preliminar de la democracia: es aquella comunidad de seres humanos organizados bajo una serie de supuestos o ideales expresados en el ya citado preámbulo de la declaración de los Derechos de la revolución americana, es decir, que es una comunidad humana en la que, se supone, todos nacen libres e iguales.

A esto le acompaña la imagen según la cual tales ideales serán más cercanos si tal comunidad humana se aproxima por medio de instituciones que garantizan el respeto a los derechos básicos de las personas y de los ciudadanos, lo que incluye la libertad de expresarse, de unirse y de protestar. Claro, siempre que esos modos de protesta no cuestionen de manera violenta el uso legítimo de la violencia estatal.

Estos procedimientos institucionales están amparados por "el imperio de la ley", cuya custodia es ofrecida por tribunales y otros organismos que vigilan la separación de poderes, la libre y periódica elección de los cargos públicos, etc. Estos funcionarios públicos, encargados de administrar y operar la maquinaria del Estado, deben además garantizar que los intereses de terceros no influyan en los rumbos de esa voluntad general que se expresa por el mecanismo del voto.

Sobre esto último, valga decir, la voluntad de las mayorías se construye a razón de la votación, es decir, de la representación aritmética y científica donde cada ciudadano representa un voto. Por eso este idea de la urna y del voto individual es in invento más o menos reciente, representa la conciencia individual, no coaccionada y secreta del ciudadano; tenemos entonces que, en una democracia, el voto de Albert Einstein representa un voto, exactamente el mismo número de votos que el mío, a pesar de la múltiple distancia entre las dos mentes; esto vale también para un banquero, que representa en su voto una única voz y suma el mismo número de votos e influencias que el voto mío, o de cualquier otro profesor de filosofía, es decir, un solo voto.

De este modo, la modernidad, en general, y la modernidad occidental, en particular, creyeron que estos ideales serían más próximos por medio de dichas instituciones y procedimientos. Como decía Descartes (2006) en su famoso *Discurso*, bajo este método no saldremos del bosque, pero seguramente sí saldremos del fango.

Así, tenemos una lista de 167 países en la que *The Economist Intelligence Unit* entiende, según un sistema de tabulación (muy criticado), que en 167 países analizados están los 20 con las democracias perfectas, listado pionero que empieza en Noruega y termina en Costa Rica, teniendo en Uruguay al único país latinoamericano; este grupo está seguido por una lista de 37 países con democracias imperfectas, donde está la mayoría de países de América Latina, incluida Colombia; luego están las democracias híbridas, lista que empieza en el número 77 con Albania, incluye a Bolivia y termina con Irak. Por último, entre los puestos 115 y 167 están Jordania, Venezuela y, por supuesto, Corea del Norte, clasificados como países directamente autoritarios (index, 2022).

Esto, aunque parece un panorama difícil, es un avance respecto a lo ocurrido en el siglo XX que, tal y como sostienen Touraine, "no ha sido amante de la democracia". "Ese siglo –sostiene el pensador francés– sólo ha durado setenta y cinco años, de 1914 a 1989, de la Primera Guerra Mundial a la apertura del muro de Berlín, aspiró a ser el de las revoluciones, las liberaciones y el desarrollo" (Touraine A. , 1992). Y es que sabemos que fue así, dictaduras en distintas partes, guerras civiles y los dos modelos totalitarios más feroces conocidos en el mundo y perpetrados desde Moscú y Berlín hacen que apliquemos a estos sueños de la democracia la frase de Goya: "Los sueños de la razón engendran monstruos".

Pero ¿qué entendemos acá por crisis?, y ¿por qué dicha crisis?

Aunque al oído moderno la palabra "crisis" suena a una serie de factores que se combinan entre sí y paralizan el natural movimiento de algo, y ese algo es fundamentalmente un algo económico, "crisis", en realidad, es una palabra griega que significa juicio, selección o decisión (Bauman, 2016). Empero, el verdadero meollo de la palabra "crisis" es que su aspecto positivo, el de la selección, la decisión o el juicio, se encuentra impedido por un desgarramiento.

Es decir, tal juicio es problemático porque la decisión es difícil de tomar y el juicio no es claro. Así, por ejemplo, decimos que un amor está en crisis porque se debe decidir entre dos caminos que se apartan mutuamente (¡o él o yo!, grita el amante del novelón); o decimos, por ejemplo, que el rock está en crisis porque su estado actual se separa y desgarra del viejo modelo reaccionario de los años sesenta del siglo pasado.

De este modo, decimos que el Estado liberal moderno está en crisis porque se desgarra en su interior por una serie de factores diversos, veamos.

3.1. El desgarramiento del espacio y el tiempo

Piense el lector que las teorías liberales que dan piso y fundamento a nuestros actuales sistemas, si bien con notorias modificaciones, fueron tejidas fundamentalmente en Inglaterra, Francia y Alemania entre los siglos XVI y XIX. Esta idea moderna de democracia se construyó mientras sonaban las locomotoras a vapor, no los drones. En aquel entonces, los enamorados se enviaban cartas que se tardaron días o semanas en ser leídas por su receptor, no era el mundo de las aplicaciones de citas. En ese entonces era entendible que el contrato de la protección por obediencia de Hobbes y, posteriormente, el contrato social roussouniano de las voluntades sometidas a la norma, tuvieran incidencia dentro de un determinado espacio, en una geografía marcada. Pero la distancia entre aquellas teorías de la democracia y los tiempos que vivimos son tan grandes que la idea de gobernanza no es suficiente.

En momentos en los que una carta podía tardar semanas en llegar de un continente a otro, y así también un ejército, el pacto soberano suponía el límite de la geografía espacial, pero aquellos tiempos cambiaron mucho. Hoy por hoy, las desgracias y atropellos vividos por ciudadanos haitianos dejan casi 30.000 almas que son los apuros de un alcalde en Necoclí, una olvidada población de 1.361 kilómetros y 70.000 habitantes del Estado colombiano. De igual modo, el alcalde de la pequeña isla de Lampedusa en Italia recibe más de 500 migrantes peor de maltrechos que las barcas en las que viajan provenientes de Libia. ¿Qué indica todo esto?

Creemos que existe un desgarro temporal porque las viejas teorías confeccionadas en los últimos tres siglos han quedado obsoletas por los cambios de los últimos 40 o 50 años. Pero no es solo este desagarre entre aquellos viejos tiempos y los actuales, sino que existe también un desagarre en el espacio.

Y es que la teoría clásica concentraba al ciudadano dentro de una frontera, pero, como vemos, las desgracias de un ciudadano en un país son los dolores de cabeza de un alcalde en una población distante. No olvide el lector que esto se escribe en los tiempos en los que se cree que fue el consumo de un animal en población china de Wuhan lo que puso al mundo entero en estado de alerta. Así pues, tenemos una primera crisis o desgarre, la crisis del espacio y del tiempo político.

3.2. Desgarramiento de las instituciones

Por su parte, la institucionalidad no está desgarrada solo por la corrupción que socava los organismos de control que vigila el equilibrio de poderes[2]. No hablaremos de eso acá, por ser bastante conocido el problema en un país como Colombia donde el fiscal anticorrupción está detenido por corrupción[3], y donde abruman las evidencias de la brutalidad policiaca; en este país en donde existen patios carcelarios llenos de políticos y un largo historial de narcotráfico y multinacionales involucrados en las elecciones. Nos centraremos en otro tipo de problema institucional, quizás más profundo.

Como se mencionó arriba, el contrato social sometía la voluntad de los ciudadanos a la norma, esto a cambio de la garantía de distintos derechos, como en el de la preservación de su vida, pero también derechos legales, laborales, de seguridad, comerciales, pensionales, educativos, etc. (Hobbes, Leviathan, 2002) (Bauman, 2016) (Rousseau, 2003). Y para

2. Al respecto, pueden verse textos como los de Gil (2022) Pastrana (2019) Tablante (2020)
3. Recordemos el caso de un fiscal anticorrupción Luis Gustavo Moreno fue condenado por corrupción en el año 2018.

que la maquinaria estatal se pusiera en marcha, algunos de estos ciudadanos se hacían profesionales de la política, "hombres de estado" o "políticos profesionales" (Weber, 2007). Pero, para que aquellos puedan dejar su casa en la bienintencionada búsqueda del bien ajeno, era necesario cubrir las necesidades de sus hogares, razón por la cual la burocracia consume importantes cifras de todo el presupuesto nacional.

Sin embargo, la profesionalización de los asuntos del Estado no fue solución definitiva, fíjese quien lea esto la semejanza que tiene la indiferencia o desprecio y el desconocimiento hacia sus subalternos, que vale lo mismo, por ejemplo, para la monarquía previa a la Revolución Francesa como para los agentes del Estado moderno cuya legitimidad institucional se desagarró por su indiferencia en los días de las protestas. Recordemos que, en Colombia, Claudia López, alcaldesa de Bogotá, no sabía cuánto valía un pasaje del sistema de trasporte masivo de la ciudad (La FM, 2022) que ella gerencia y cuyo tema discute constantemente; por su parte, el ministro Carrasquilla, a la hora de hacer una reforma tributaria, generó una oleada de indignación que terminó con marchas importantísimas detonada por su desconocimiento absoluto del valor de un producto básico como el huevo (La FM, 2021); esto, por no recordar el triste episodio en el que un diputado por Antioquia, Rodrigo Mesa, sostenía que no se debía invertir en el Chocó, argumentado poéticamente que eso era "como perfumar un bollo" (Editorial El Tiempo, 2012).

Por tanto, no se trata solo de los escándalos de corrupción y la falta de legitimidad de las instituciones, cosa que es ya suficiente para mermar la democracia y las finanzas del Estado. Se trata de la dificultad, y casi imposibilidad, de que se agencie el Estado conociéndolo, pues la necesidad de tener servidores públicos deviene en una amplia gama de saberes altamente técnicos, por lo que se requiere de una cierta estabilidad y continuidad de cargos, lo cual se conjuga con ingresos más o menos deseables, todo lo cual redunda en una barrera significativa entre gobernantes y gobernados, con lo cual se afirma una distancia y desagarre respecto de las realidades sociales y económicas, todo lo cual se conjuga como motor de las movilizaciones sociales.

Así, este desgarramiento entre gobernantes y gobernados mina la democracia, pero dice algo más: la complejidad técnica del aparato estatal requiere del oficio técnico y de gerentes de Estado; dicho aparato entonces no tiene humanos, ni ciudadanos, sino cosas. Y es que, al estar objetivados o cosificados en los datos, estos dramas humanos son más fácilmente ignorados porque son reducidos a la cuantificación estadística de "tareas pendientes del Estado". Entonces, tabulado o en índices (índices de pobreza, de miseria, de población sin trabajo o sin educación, etc.), el drama humano se ve empujado a salir a gritar a las calles, pues de otro modo es silenciado en la estadística de una base de datos que reposa tranquilamente en el computador de un agente del Estado y funcionario público.

3.3. Desgarramiento del ciudadano

Los ideales democráticos dependían, además, del pacto de la voluntad de los ciudadanos y la soberanía de la ley. Este ciudadano de la democracia moderna se suponía educado, activo, crítico y, sobre todo, *libre de* necesidades para poder estar *libre para* construir una mejor sociedad. Este es un habitante de un lugar donde nadie fuera tan rico como para poder comprar a otro, ni, sobre todo, tan pobre como para tener que venderse, dice Rousseau (2003). Y acá viene una serie no menor de desgarros.

Si el ciudadano griego *era libre de* necesidades, lo era gracias a todos los esclavos en las canteras que, con su trabajo, mantenían tal posibilidad. La Modernidad, mucho más incluyente, otorgó derechos a los ciudadanos por el simple hecho de nacer –como ya se mencionó en la referencia a la herencia cristiana de las revoluciones modernas–, pero esta inclusión no solucionó de manera eficiente el problema de la *libertad de* las necesidades. De este modo, el primer y más superficial desgarro del ciudadano moderno es que se debate entre la atención a sus necesidades y la posibilidad del cultivo de sus virtudes ciudadanas. Se pensaría que esto se resuelve con la delegación a políticos profesionales, costosamente pagados, para que el ciudadano se despreocupe de eso y se ocupe de atender sus necesidades, pero, tal y como acabamos de decir, entre la cosificación del ciudadano, la desconexión social y la corrupción de los funcionarios públicos, esto no ocurre.

No se trata de que el ciudadano llamado Ancízar, portero de un edificio en el norte de Bogotá, se desentienda del todo de política; se trata de que se ocupe de revisar qué hacen sus empleados, porque, se supone, aunque el buen Ancízar es un humilde portero, tiene sus empleados –públicos–, estos hombres de la burocracia del Estado. Pero ¿por qué el ciudadano no pude hacer esto? Porque acá el ciudadano se enfrenta con otro desgarro: el de la educación.

Y es que ni al buen Ancízar, nuestro ejemplo, ni a ningún otro le faltan cualidades para hacer el análisis correspondiente, les falta tiempo. Tiempo y un tipo diferente de educación. Veamos.

No hablamos acá de formar con doctorado en políticas públicas a todos los ciudadanos, sino de otro tipo de educación. Es común escuchar a los políticos en campaña solucionar todo con hermosos y esperanzadores discursos sobre la educación. "¡Necesitamos más educación!", gritan, y la gente de la campaña les aplaude. Pero ¿educación para qué?

Dadas las urgencias vitales y las necesidades mayoritarias del común de la gente, las políticas públicas se ocupan de ofrecer una educación para sobrevivir; de allí los programas educativos dedicados a la educación técnica, "aquella que sirve para hacer algo", esto es, cursos técnicos de secretariado, zapatería, administración de emprendimientos, etc., cosa que es entendible y correcta para una población con necesidades; pero ocurre que estas personas también son ciudadanos, y la educación para la democracia mienta una educación distinta, no ya para "hacer algo", sino una educación para vivir bien junto con los otros (Nussbaumm, 2010).

Digámoslo de este modo: en sus promesas de campañas –que suelen ser incumplidas–, los candidatos hablan de crear más cupos estudiantiles para que las personas puedan aprender un oficio y ganarse el pan (viejo ideal de la Enciclopedia y la escuela de artes y oficios de la Revolución francesa). Más cupos en esta escuela de zapatería, de hotelería, de idiomas –para atender negocios extranjeros–, etc., oficios todos necesarios para el intercambio comercial en la ciudad y para cumplir con el afán bíblico de "ganar el pan de cada día". Pero una educación que conduce a ganar "el pan de cada día" difícilmente puede construir ciudadanos que generen estructuras políticas duraderas para vivir bien con otros. Así, tenemos acá otro desgarramiento, el que ocurre entre la educación para sobrevivir y la educación para vivir bien con otros.

Pero que no se alteren todavía quienes leen estas líneas. Si les preocupa este desgarramiento entre la educación útil para sobrevivir y la educación para vivir con otros, piensen que, según el informe del DANE, en septiembre de 2021 el 33 % de la población joven (personas entre los 14 y 18 años) ni estudiaba ni trabajaba, lo que indica que el 25 % de la población colombiana son los famosos NINES, ni estudian ni trabajan (Nuevo Siglo, 2020). Tengamos este dato presente, pues pronto empezaremos hablar de sus nuevas protestas.

3.4. Desgarramiento entre la razón y la sinrazón en el ciudadano

Después del desgarre entre el tiempo y el espacio, y tras ver el desgarre entre las expectativas y la realidad educativa del ciudadano, veamos un desagarre más sutil y no menos importante: el desgarro interior del ciudadano.

Un famoso reguetón de Mike Bahía afirma que los amigos le dicen que una chica no le conviene, pero él sigue allí, a pesar de que esta es una "Diabla lala"; por su parte, años atrás, Fanny Lu cantaba: "siempre supe que no eras para mí, pero no hacía caso"; también vemos casos de anuncios de las tabacaleras que no paran de mostrar que el cigarrillo es perjudicial para la salud, y otro tanto hacen las empresas que viven de vender alcohol. Sin embargo, Mike Bahía sigue con su diabla, Fanny Lu volvió con su tóxico, y las ventas de cigarrillo y alcohol se mantienen rebosantes. ¿Por qué? Y ¿qué tiene que ver esto con la crisis de la democracia?

Algunas de las teorías de S. Freud pueden estar hoy por hoy muy discutidas. Sin embargo, algunas de ellas permanecen vigentes, y su descubrimiento de la pulsión inconsciente es una de estas últimas. Este descubrimiento de Freud significa un freno radical para el correcto desarrollo de la democracia; digámoslo con el título de otra de sus obras, la pulsión es parte de *El malestar en la cultura*.

Entre 1914 y 1920 (año en el que Freud daría su "gran giro"), el doctor vienés estudiaba el narcicismo y los mecanismos del principio del placer, más precisamente lo que está *Más allá del principio del placer*, y descubrirá que existe en los seres humanos no una tendencia al placer (que sería lo natural), sino más bien la compulsión por repetir experiencias dolorosas. Esto explica juegos infantiles como halar los dientes que estaban por caerse y sentir dolor y placer en ello, o arrancarse cicatrices, lanzar juguetes para llorar su ausencia y, por qué no, los retos infantiles dedicados a soportar algún dolor[4] (Freud, 2012) (Freud, 2006). Pero, si esta breve ilustración de la noción de pulsión explica por qué volvemos con los amores tóxicos o algunas prácticas infantiles, e incluso, las decisiones de los aludidos ejemplos de los cantantes, no nos dice aún nada sobre qué tiene que ver este comportamiento humano con la democracia.

Pues bien, el desgarro democrático se da en esta ocasión en la distancia que existe entre los supuestos racionales del ser humano y sus realidades psicológicas. Por un lado, como se comentó ya, la importancia del descubrimiento freudiano está en que existe en el ser humano una tendencia al displacer o dolor, lo que es una actitud no racional; por otro lado, la democracia pende del supuesto de la racionalidad de los ciudadanos de la comunidad. La democracia parte de la idea de que el ciudadano no solamente sabe aquello que le conviene, sino que, además, lo supone capaz de decidir según este criterio racional y emprender acciones para lograr estos fines. Pero nuestras reconciliaciones con esos amores tóxicos, las todavía altas ventas de los cigarrillos y la popu-

4. Piense por ejemplo el lector los retos infantiles de comer cosas picantes o acidas, o cómo en las ferias populares en América latina existen aquellos juegos cuyo propósito es soportar el dolor de una descarga eléctrica

laridad de políticos altamente cuestionables dejan bien claro que esto no es así, que no somos racionales, y que por tanto este supuesto básico de la democracia se encuentra cuestionado, pues existe un claro desgarramiento entre la razón y la sinrazón.

Así, la crisis de la democracia que da piso al populismo y a los movimientos extremos está vinculada estrechamente con esto (Adorno, 2006). Como se mencionó antes, la política contemporánea depende bastante menos del discurso racional y de las decisiones libres que del manoseo emocional a los ciudadanos, de las noticias falsas, de la espectacularidad y escasa razonabilidad de los debates, del show mediático, en definitiva, del info-entretenimiento.

Así entonces, lejos de los ideales de discusión, distante del diálogo bien informado y la correcta argumentación; lejos del análisis de las posturas contrarias, distante del contraargumento, remoto del ideal de ciudadano aristotélico y de su "animal político" y de las propuestas que prometía la democracia deliberativa, el ciudadano promedio de la democracia liberal representativa es reducido a un mero consumidor de entretenimiento pasional.

CONCLUSIONES SOBRE EL GIGANTE

Como se mostró a lo largo del presente capítulo, el Estado moderno nace enfermo y herido de muerte. El largo proceso de varios siglos de nacimiento de un soberano cuya espada fuera la protección y refugio de todo ciudadano obediente y de todas sus propiedades se ve quebrantado por diversas razones. Y es que se creyó que esta relación de protección y obediencia en una zona específica repercutiría en un progreso técnico gracias al método racional de las ciencias, lo cual, se soñó, permitiría beneficios para todas las personas involucradas en el pacto. Algunas personas aun defienden esta postura del liberalismo.

De tal modo, conforme avanzara el tiempo, los cambios beneficiosos de la técnica y la tecnología (progreso técnico) permitirían mayor y mejor cobertura por parte del Estado a todos los ciudadanos, estas coberturas en cosas técnicas cimentarían las bases de un progreso ya no técnico sino moral y democrático. Por tanto, creyeron los pensadores liberales, se avanzaría en un camino infinito hacia el progreso también humano. A esto sonó la modernidad en el coro de la novena sinfonía, a un sonido ideal, un coro de ángeles cantando la libertad, la igualdad y la fraternidad que no llegaría, pero que permitiría aproximaciones a semejante sinfonía política y social.

Sin embargo, también existen razones para pensar de otro modo. Y es que conforme se fue desarrollando este modelo liberal empezaron a aparecer las brechas dentro de sí.

Primero. Esa noción de individuo provenía del mundo cristiano, lo que indica que, por un lado, dicho Estado se relacionaba con el ciudadano de la obediencia que tenía una singularidad en su libre arbitrio, en su capacidad de ejercer la libertad de su conciencia, algo que lo hacía no divisible, y por lo mismo, extrañamente este ciudadano quedó atrapado al mismo tiempo entre Estado que ofrece protección a cambio de obediencia, y su singularidad y conciencia, su facultad de libre arbitrio que le permite hacer y no hacer parte de las reglas del Estado, es decir, lo faculta a desobedecer.

Segundo. Este mismo individuo esta atravesado de una fuerza no racional a su interior, algo que lo empuja a decisiones no racionales e incluso contrarias a sí mismo. Vimos como el descubrimiento freudiano del inconsciente supone ciudadanos narcisos y que habitan en medio de -justamente- un malestar cultural.

Por último, observamos que la herencia cristiana que enseñó una serie de valores tales como la humildad, la caridad, el cuidado por los desposeídos, y otra serie de valores importantes para analizar y entender la protesta; pero, paradójicamente fue también el cristianismo quien heredó a la modernidad esta noción de lo individual, lo cual facilito que dicha noción se trasformara en "hiperindividualidad" y apoliticidad en un mundo industrializado y de masas. Es decir, uno de los efectos de la moral cristiana dentro del liberalismo político es que se causa una despolitización importante, pues favoreció una cultura con desdén por los asuntos comunes, privilegiando el interés en sí mismo, y poniendo una tenue línea entre la tolerancia y la indiferencia.

Ahora bien, si la ruptura dentro del ciudadano es fuerte, la ruptura exterior no es menor. Nuestro recorrido señaló una serie de fenómenos que afectan los procesos de la democracia. Y es que amparados en la racionalidad y en el método ocurrió una hiperespecialización de los oficios (entre otras cosas por la despolitización). Entonces, acontece la profesionalización de los agentes del Estado y el político profesional. Nacen, pues, las burocracias con el propósito de controlar, vigilar y hacer eficientes los mecanismos y engranajes de la maquina Estatal. Pero todo esto desembocó en una sofisticación técnica de manejo del aparato Estatal que se alejó de la vida cotidiana de los ciudadanos, que además creó instancias perfectas para la corrupción. Adicionalmente, el progreso técnico que pretendió la razón no solo no logró ser piso de un progreso moral, es decir, no llegó, sino que se volvió un elemento central de la globalización, con esta, los ciudadanos que antes eran ciudadanos de un Estado dentro de un límite geográfico se volvieron ciudadanos del mundo, pero en especial, desplazados por el mundo, vidas olvidadas de las economías mundiales, afectadas principales de las pandemias, etc., y esto puso a la gobernanza más en crisis que en ventaja.

Capítulo 3.
Los viejos actores de la protesta. El movimiento obrero

La vida, la desgracia, el aislamiento, el abandono, la pobreza son campos de batalla que tienen sus héroes, héroes oscuros, pero más grandes que los héroes brillantes

Víctor Hugo, *Los miserables*

En este recorrido de análisis lo primero que hicimos fue observar las formas en las que el poder registra la protesta social. Para esto utilizamos la metáfora del huevo de *Los viajes de Gulliver*: Encontramos que para el poder, visto desde arriba, la protesta social es una confrontación con la soberanía; y, visto de manera horizontal, esto es, desde los movimientos sociales, radica en su capacidad de congregar actores; entonces, bajo esta definición horizontal nos aparece que el poder de los movimientos sociales es un ejercicio popular, que se contrasta o confronta con ejercicio burocrático, o incluso, del poderío entendido como la dominación por vía instrumental.

Nuestro segundo capítulo se dedicó a hacer un recorrido por la historia y la metafísica que le dieron origen y muerte a la noción de Estado moderno. Bajo la metáfora de un gigante que nace y muere, observamos cómo la modernidad occidental y la política de la democracia occidental moderna son creadores de un aparato de la administración política que llamamos Estado. Pero esta creación gigantesca es una criatura que nace con problemas varios: la pretensión de ser laica y al mismo tiempo defender la moral cristiana; los supuestos cuestionables de la racionalidad de sus ciudadanos; el aparataje técnico profesional de los políticos profesionales que ponen en marcha a la máquina estatal, pero que, al mismo tiempo, distancia a los funcionarios públicos de sus representados; las dificultades de la soberanía territorial en un mundo global, entre otros. Esto nos dio pie para revisar cómo estos problemas de representación y de exclusión son la trompeta que anuncia el llamado a los actores del mundo moderno, es decir, a la gente y la cultura popular.

Y es que la literatura antigua nos ponía en el centro a los héroes más brillantes, la excepción como estímulo para lo mejor, aquellas vidas de Aquiles, Edipo, Ulises. Por su parte, la literatura moderna pone las luces en aquellos que la sociedad moderna más produce: discriminados y pobres.

En este sentido, Cervantes es el primer moderno porque pone la luz en los individuos que son actores no centrales de la sociedad: mujeres pastoras, hidalgos venidos a menos, etc. Víctor Hugo no se queda atrás, sus protagonistas no son los hombres jóvenes y bellos de la burguesía francesa, sino los hombres de rostro horroroso y deformes, los jorobados. Las mujeres de las obras de Víctor Hugo no son las mujeres de la alta sociedad, sino las gitanas, las prostitutas y sus humildes hijas, las pobres hijas de puta; otro tanto nos queda decir de *Dostoievsky*, quien retrata no la vida y gloria de los zares, sino a los humillados y a los ofendidos. El genial autor ruso no habla tanto de los ricos como de los brillantes estudiantes, también pedantes y pobres, como el personaje Rodion Raskolnikov.

¿Por qué importa esto a la filosofía social y política? Porque si no quiere dar la espalda a su propia sociedad, si se quiere salir de la crítica por habitar entre las nubes, como Aristófanes le criticó a la filosofía, entonces la filosofía política y social debe reflexionar sobre el magma de su sociedad. Para ser justos, a esto se dedicó buena parte de la filosofía social y política moderna y contemporánea.

Hagamos una rápida revisión, no con el ánimo de contar un cuento lineal, ni de encontrar soluciones a largas disputas. Revisemos rápidamente los trazos más gruesos de esos retratos tan detallados de lo que se llama hoy la "patología social".

Axel Honneth define la patología social como la identificación y discusión de los desarrollos de diferentes perturbaciones sociales. El propósito de tal discusión es diagnosticar «los procesos y el desarrollo social que tienden a entender como un menos cabo de las posibilidades de una "buena vida" de los miembros de la sociedad», a lo que agrega inmediatamente: "la filosofía social se puede entender como una instancia de reflexión, dentro de la cual se discuten criterios para formas exitosas de vida social" (Honneth, La soceidad del desprecio, 2011, pág. 77).

No vamos a discutir acá y ahora la diferencia entre la vida buena y la vida exitosa (cosa que supone diferenciar entre criterios políticos de los antiguos y los modernos). Baste por ahora con entender que se trata de un estudio sobre las obturaciones que impiden el adecuado y feliz desarrollo de las personas que viven dentro de las comunidades modernas.

Como se vio antes, para Hobbes tenían gran importancia las condiciones de estabilidad y autoridad dentro del Estado. Su preocupación era evitar la guerra civil o intestina, y aunque el propósito del Leviatán era cuidar las vidas y las propiedades de los pactantes, lo cual tiene un gran impacto en el mundo liberal posterior, éste no vio el desarrollo comercial e industrial que sería objeto de dichos cuidados, así como tampoco vio el mayor nacimiento de los actores invisibles. Más bien esta es una preocupación de Rousseau. Fue el ginebrino quien puso su mirada en cómo la estabilidad de Estado suponía la desintegración de las vidas de los ciudadanos. Así, a cambio de la pérdida de su propia libertad, los ciudadanos asumían los rasgos falsos de la sociedad naciente. Curiosamente, nos dice Sidney Tarrow (2018), ese exceso de individualidad, en donde radicaba la libertad en Rousseau, era la preocupación de Hegel. Para el autor de la *Fenomenología del espíritu*, la individualidad radical moderna destruye la eticidad, genera desintegración política y amenaza con disolver los vínculos sociales.

Por su parte, y tal como veremos en el capítulo dedicado a él, para el joven Marx, la patología social no está tanto en la individualización de la vida del hombre, sino más bien la imposibilidad de su propia autorrealización. En este sentido, y como veremos más adelante, el capitalismo es la patología que cosifica a esos hombres[1]. Pero lo que para Marx es

1. Para esto véase los comentarios de Marx en su Introducción a la crítica de la filosofía del derecho de Hegel (Marx, Introducción a la crítica de la filosofía

liberación, para Nietzsche es una forma de patología. La reconciliación entre la vida del hombre y el desarrollo moderno solo es posible al precio de la masificación. Es una vida solo habitada por los que él llamará "el último hombre" (Nietzsche, 1998).

El siglo XX beberá de diversas fuentes (no necesariamente compatibles entre sí) y sumará al problema de las patologías sociales otras nuevas; además, habrá de hacerlo sobre un horizonte político y cultural novedoso: el totalitarismo.

Así, mientras que la nueva Escuela de Frankfurt, ahora hospedada en New York, entiende que los estudios de crítica cultural deben ser radicales, esto es, deben ir a la raíz de la cultura y ver en esta un error fundamental: la imposibilidad del hombre perfectamente libre y racional; Por su parte, Arendt ve que el totalitarismo es posible por la deformación y confusión de la esfera social y política en medio del predominio de la razón técnica. Privado el hombre de la acción discursiva, se distanció del mundo.

Posteriormente, los ecos y las herencias de los estudios de Nietzsche llegaron a Francia. La crítica al historicismo y el "método" genealógico abren nuevos modos de investigación. Con ellos, se podrá notar que para hablar de "patologías" es necesaria una idea de "normalidad". Esta es posible gracias a la "disciplina". Sostendrá entonces Michel Foucault que las diversas instituciones modernas y sus reglas son el vehículo para disciplinar y normalizar dichas vidas. Junto con las prédicas de Foucault, la Escuela de Frankfurt, ya en cabeza de Jürgen Habermas, empieza a proponer que la forma de salir de tales patologías sigue siendo la razón y el diálogo. Dado que ya no existen los criterios agrupadores de vida tales como "la clase obrera" "el partido", etc.; y dado que el Estado llegó a altos niveles de sofisticación en su burocratización, la colonización del mundo de la vida debe evitarse por las vías o canales institucionales, racionales y consensuales.

del derecho de Hegel, 2014) y el capitulo sobre el Fetichismo de la mercancía y su secreto. (Marx, 2004)

Y es que las críticas a esta última postura no podían esperar. Así, por ejemplo, si toda acción política depende del lenguaje, ¿qué pasa con las imposibilidades de comunicación entre las partes de un sistema social (Luhmann)? ¿Qué pasa cuando los de arriba no escuchan a los de abajo? ¿Qué pasa cuando los humillados y ofendidos no tienen los mismos niveles de educación y la justicia tiene sus propias y erráticas fronteras (Nussbaum)? Y aún más, ¿qué pasa con los dolores no decibles que se viven en la sociedad? Si todos tienen el mismo nivel de comunicación, ¿por qué no todos los grupos son objeto de los mismos privilegios o de la misma represión (Honneth)? ¿Por qué, si todos son iguales, algunos sometidos aspiran a ser como sus captores (Kojeve)?

Si aceptamos la idea del liberalismo comunicacional de Habermas, los formalismos hacen que la democracia no sea mutua dependencia, sino mutuo desinterés (Ricœur), y que el procedimiento de la justicia sea, vacío y ciego, lo que termina en que la justicia no sea una balanza, sino una burda espada.

1. EL CORAZÓN DE LAS TINIEBLAS, EL CAPITALISMO

Para entender cómo apareció y el lugar que ocupa el movimiento obrero dentro de este recorrido por los movimientos sociales, será necesario hacer una primera parada por el nacimiento del capitalismo burgués, y luego otra parada por pensamiento del joven Marx.

Tal y como lo vimos en nuestro primer capítulo, el Estado moderno es una invención que tiene por propósito establecer un contrato entre la protección y la obediencia. Como se recordará, esta es una mirada que, desde *lo* político, deduce la existencia de una ley universal sobre la cual cimenta el orden dentro de la comunidad humana: el miedo a la muerte violenta. A partir de este principio se fundamenta el pacto en el cual los seres humanos dejan la espada natural, a la cual tienen derecho legítimo, y otorgan el uso de la espada al soberano. Recordemos que es un pacto de protección de la espada del soberano, la protección a su vida, a cambio de obediencia.

Posterior a la teoría de Hobbes, otros teóricos extendieron el pacto. ¿En dónde empieza la protección del soberano? En la vida, responde Hobbes. ¿Pero hasta donde se extiende la protección? Hasta todos aquellos elementos creados por la vida cuyo cuerpo es capaz de crear, responderán los capítulos IV al VIII del *Ensaño sobre el gobierno civil* (Locke, 2014) (Strauss L. , 2011).

Ahora bien, hemos aceptado que el pacto protege tanto la vida como las propiedades de los ciudadanos, esto es, si hemos aceptado la ampliación del pacto entre el soberano y el ciudadano, no nos queda sino observar una consecuencia: la democracia liberal moderna nace junto al capitalismo. Una vez hemos visto que el nacimiento teórico político del Estado está unido al origen conceptual del capitalismo, hagamos una breve descripción histórica de ese acontecimiento.

2. DEL NACIMIENTO TEÓRICO DEL ESTADO AL NACIMIENTO HISTÓRICO DEL ESTADO BURGUÉS

Hemos hecho un breve recordatorio de lo expresado desde las miradas del poder y el ángulo de *lo* político para ver cómo esto se relaciona con nuestro segundo capítulo, que trata del nacimiento conceptual del Estado: el pacto de protección por obediencia. Pero ¿cuáles son las razones históricas para esa teorización del Estado?

Habían pasado diez mil años desde la última transformación importante en la que los seres humanos producían e intercambiaban los elementos necesarios para vivir. Durante diez mil años el ser humano se había asentado gracias al control de la agricultura y la domesticación de los animales. Y dentro de estos asentamientos hubo distintas versiones y formas en las que los abusadores habían sometido a sus abusados, de la misma manera en la que los sometidos habían manifestado su inconformidad. Durante estos diez mil años, los abusados se habían manifestado ante los graneros, ante los edificios públicos, ante las casas privadas de los poderosos. Lo más común es que seres los humanos protestaran y se quejaran en nombre y la defensa de su Dios, en nombre y en defensa de un territorio, y muchas veces, quizás la más común de todas, por la falta de pan (Rosanvallon, 2006) (Della Porta, 2011)

Pero si hacemos un corte acá y lo diferenciamos de esas otras manifestaciones es porque en estos diez mil años de humanidad, de relaciones entre abusadores y abusados, algo fundamental ha cambiado; como se dijo arriba, los protagonistas de las historias en la antigüedad eran los santos o los héroes, los paradigmas de la sociedad eran los pocos, esto es, los grandes héroes de fuerzas descomunales y de habilidades excepcionales. Nunca los protagonistas habían sido los seres humanos normales y los comunes.

Filosóficamente hablando, lo que permitió la aparición de estos sujetos comunes como sujetos significativos en la historia fue la influencia cristiana en la vida política, específicamente el argumento cristiano según el cual todos somos hijos de Dios y, por lo tanto, todos son merecedores de los mismos derechos. Esto permitió una visión histórica que otorga a los muchos, normales y comunes, la posibilidad de ser objeto de derechos y de respeto. Al menos en términos formales. Así, este grupo es poseedor formal de derechos, pero todavía no protagonistas de la historia. Este proceso moderno está íntimamente relacionado con un suceso histórico que intentaremos describir, el origen del Estado y el capitalismo.

El origen y nacimiento que liga íntimamente al Estado moderno con el capitalismo, y la posterior relevancia de la gente común y corriente, se encuentra relacionado con el tránsito del feudalismo a la nueva época (Ganshof, 1964). Y es que el paso desde la práctica milenaria de intercambio agrícola, el giro desde la producción manual al intercambio de la producción masiva supone un cambio cualitativo importante. Esto se resumen en varios factores (Le Goff, 2007).

Primero. Para poder entender la aparición del mundo obrero en el Estado moderno y capitalista debemos tener presente la profunda crisis humana que supuso la peste negra. Los historiadores no se ponen de acuerdo en la cifra aproximada de muertos. Visto humanamente, no importa si fue el 30 % el 40 % o el 50 % de la población, la peste negra supuso un antes y un después para las comunidades occidentales (Sanchez, 2008).

Segundo. El antes y el después provocado por la peste negra supone también un antes y un después para la organización de las comunidades, pues al interior de ella se cometían grandes abusos por parte de los señores feudales; Aquellos muchos, los normales, los comunes, provocaban revueltas y quemas de graneros, pero desde la reagrupación en burgos tuvieron ahora un marco distinto. Y es que el desplazamiento de estos hombres, mujeres y niños sin derechos hacia esas nuevas comunidades organizadas produciría una nueva forma de organización social y del trabajo. Lo que Marx nos cuenta en esta "aparición originaria del capital" es que esta fue hecha a razón de leyes sistemáticas de exclusión, bajas significativas en los salarios, expropiaciones de tierras a aquellos labradores cuyo único sustento era lo que se producía en aquella tierra, quedando así obligados a transitar a los burgos. Y claro, todo esto acompañado de grandes matanzas y traslados a sangre y fuego (Marx, 2004)

Llegadas estas nuevas comunidades –a las que evidentemente se les conocerá como burguesía–, se aceptarán también nuevas prácticas del intercambio de las artesanías y los bienes que se acumulan en los mercados, en principio mercados itinerantes, para fundirse después con la acumulación de nuevos tipos de materiales provenientes de América, y es que mientras que durante muchos siglos el trabajador comía las cosas producidas en su propia tierra que cultivaba con herramientas fabricadas por él o por algún vecino, descansaba su cuerpo agotado en muebles fabricados por él, o por algún familiar o vecino, la nueva organización social permitía traer productos que antes no eran necesarios o deseados para consumir. Hablo de cosas producidas más allá de la aldea conocida; productos que, además de incrementar los deseos de consumo, incrementan la dependencia y la inestabilidad social. Algunos de estos materiales provenientes del nuevo mundo suplían necesidades inmediatas de estas poblaciones nacientes; otros muchos elementos provenientes del nuevo mundo eran, por el contrario, elementos para calmar el deseo y los antojos de algunos pocos poderosos que por primera vez ejercían el domino, ya no desde el Mediterráneo, como había sido costumbre en Occidente. El poder ahora se ubicaba en el norte de Europa (Hobsbawm, En torno a los orígenes de la revolución industrial, 2016).

Así pues, el origen del capitalismo, del primer tipo de capitalismo del que hablaremos, está ligado con el primer tipo de movimiento social. Este es un capitalismo que produce algunos bienes generales, como por ejemplo granos con los que se producen harinas, pero también, sin duda, muchísimos bienes para el placer de algunos pocos (Rey-Valette, 1986). A su vez, este primer tipo de capitalismo naciente en los burgos post medievales será lugar para que las nuevas prácticas de intercambio comercial y artesano supongan el espacio de asociaciones, gremios, ligas de aquellos que los producen (Hobsbawm, 2011).

Tercero y, por último: "La burguesía ha despojado de su aureola todas las profesiones que hasta hoy eran venerables y contempladas con piadoso respeto. Ha convertido en asalariados suyos al médico, al jurista, al cura, al poeta, al hombre de ciencia" (Marx C. , 2006, pág. 56).

Esta des-divinización de los oficios es importante en la medida en que el orden social fue conservado durante mucho tiempo en el feudalismo en función de estas relaciones sociales de los oficios, esto porque los valores morales del cristianismo incluían la pobreza y la obediencia, lo cual facilitaba el mandato de obediencia tanto a Dios único, jerarca del Universo, como a su expresión política en la tierra, la monarquía; a su vez, estos valores morales, exacerbados en los ideales de la caballería feudal, facilitaban la estabilidad de aquella estructura social. Pero la obediencia no es una virtud, y no lo será tampoco en un mundo que ha sacudido aquello que antes se llamaba santo y venerable.

Después de diez mil años, decíamos, la comunidad humana dejó el trabajo agrícola que se pagaba con las cosechas producidas en las tierras feudales para empezar a producir ya no bienes agrícolas, sino bienes manufacturados de manera masiva. Esto quiere decir que entre la publicación del *Leviatán* de Thomas Hobbes (1651) y el *Ensayo sobre el go-*

bierno civil de John Stuart Mill (1840) se acopló aquella transformación histórica de la que habla aquel escenario teórico de la conformación del Estado y de la democracia liberal, el capitalismo.

Pero con esto apenas hemos marcado, primero, la configuración conceptual del Estado moderno, luego la transformación histórica que dio paso del feudalismo al Estado moderno y sus actores burgueses en el origen del capitalismo. Hasta acá no podemos aún hablar de la aparición del movimiento obrero. Hablar de la aparición del mundo obrero que da carne a los primeros movimientos sociales es hablar de un cambio al interior de aquella nueva sociedad que se forjó entre los burgos.

Conforme se fueron instalando en los nuevos espacios (los burgos o ciudades) y conforme se fueron adaptando a los cambios de los nuevos modos de trabajo (intercambio de bienes y de producción), aparecerá un nuevo sujeto, un nuevo actor social, que estará desplazado ya no por la violencia del señor feudal, ya no por la ferocidad natural de la enfermedad y la peste, sino por la técnica de la producción masiva que permite ahora sacar carbón, producir algodón y transportar rápidamente estos productos en la locomotora o en los barcos de vapor. Y todo con la ventaja de ser producidos en menor tiempo y con menor costo de producción (Hobsbawm, 2011)

Sin lugar a duda, el mejor observador y teórico del movimiento social que supone el movimiento obrero es el joven Karl Marx. Lo que sigue será entonces un análisis y esbozo de la propuesta de los movimientos sociales de su *Manifiesto Comunista*.

3. NOTA SOBRE EL MANIFIESTO COMUNISTA. LA APARICIÓN DEL OTRO FAMOSO FANTASMA

Después de la Revolución de 1789, junto con el pan y el vino, el producto nacional francés era montar y derrocar las monarquías. Primero Napoleón, y luego la de Carlos el Borbón, que a su vez será reemplazada en 1830 por la de Luis Felipe. La monarquía de este último fue restrictiva y severa –como bien le gusta a las tiranías–; Luis Felipe prohibió la natural asociación de los seres humanos, lo cual condujo a que distintas organizaciones secretas se movieran en la defensa de los olvidados, de los desposeídos y de los que querían un mundo más cercano a los ideales de la Revolución de 1789.

A razón de esto surgen distintas organizaciones secretas de los trabajadores, tales como la Liga de los justos, la Organización francesa de trabajadores y, por último, el Comité de correspondencia comunista (en el que participaban Marx y Engels). El propósito acá era organizar estas distintas agrupaciones comunistas y ponerlas a trabajar en propósitos comunes a pesar de sus diferencias. Fue por esto por lo que se le encargó a Engels la redacción de un manifiesto para los comunistas (Wheen, 2001).

El documento escrito por Engels, titulado *Principios del comunismo. 25 preguntas y respuestas sobre el comunismo*, resultó ser algo muy doctrinario y más bien emotivo, de tal manera que, según sus biógrafos, Marx aportó un nuevo documento que tenía por meta explicar racional e históricamente las necesidades de las transformaciones sociales, y por ende de los movimientos sociales (Gemkow, 1975).

¿Pero quién es este fantasma del que habla Marx en su conocida introducción de *El Manifiesto comunista*?

¿Dónde está el partido opositor que no haya sido tachado de comunista por los adversarios gobernantes?, se pregunta Marx en la introducción de *El Manifiesto*. Esto quiere decir que el fantasma comunista merodea la estabilidad y el confort de la Santa Alianza, es decir, de los defensores de los derechos hereditarios de la monarquía, un orden consolidado después del tratado del tratado de Versalles, e incluso, el fantasma del comunismo merodea también a los republicanos, que querían una participación política, participación electoral, pero se sentían satisfechos y cómodos con la situación económica.

En aquel entonces, "comunista" era una expresión general para mencionar a todas aquellas personas inconformes con la situación económica y política que buscan la ampliación de los derechos de los ciudadanos, tanto como la igualdad social y política de los habitantes de las comunidades europeas. Pero ¿por qué existe este enfrentamiento?

Recordará quien este libro lee que mencionamos ya cómo el cristianismo había alegado una visión histórica de las asociaciones humanas. Decíamos en ese capítulo que para el cristianismo el sentido de la historia era el desarrollo de la comunidad cristiana; esta visión histórica fue aceptada y recogida por Kant de una manera presuntamente laica, para quien el motor de la historia hacia el progreso no era el mensaje de Dios, sino el uso de la razón, que daría piso primero al progreso material y luego al progreso moral de la humanidad. Por su parte, veíamos también cómo Hegel se entendía a sí mismo, a su situación histórica, y a su filosofía, en una historia narrada por un Espíritu Absoluto, el cual se desplegaba y alcanzaba su progreso justamente con las tropas triunfantes de Napoleón. Pues bien, Marx es heredero de la noción hegeliana de progreso, un progreso que se entiende como resultado natural del conflicto histórico entre los integrantes de las comunidades humanas.

Cuando Marx y Engels analizan la historia entienden que siempre hubo opresores y oprimidos. Y así nos cuentan que

> La historia de todas las sociedades hasta el día de hoy es la historia de la lucha entre las clases libre y esclavas, patricios y plebeyos, señores y siervos, maestros y oficiales, en suma, opresores y oprimidos, han estado y están enfrentados entre sí, han mantenido una lucha ininterrumpida, ya oculta ya abierta, una lucha que en todos los casos terminó con una transformación revolucionaria de toda la sociedad, o bien con el hundimiento conjunto de las clases en lucha (Marx C. , 2006, pág. 49).

Este sentido histórico de los conflictos que conduce al desarrollo ha llegado a un nuevo episodio producto de la nueva sociedad. El nuevo y el último de los episodios conflictivos en el desarrollo de la historia está integrado por los actores de esta nueva sociedad capitalista y burguesa. Vista por Marx, la historia es una especie de espectáculo teatral que tiene en su última escena a dos integrantes centrales, en primer lugar, la burguesía capitalista.

Este es el grupo más escaso de la nueva sociedad. Es este el conjunto humano que tiene la posibilidad de producir valor gracias a que posee los medios de producción. La fórmula general será entonces que capital es aquello que permite la producción de más capital (Marx, El capital, 2004, pág. 110). Con este valor con el que se produce más valor el burgués ha logrado posicionarse en la punta privilegiada de la pirámide social, todo sin el esfuerzo ni el desgaste precipitado de su cuerpo, sin el curtimiento de sus manos (Marx, 2004, pág. 110 y ss.)

Existen entonces varios tipos de este actor llamado burgués capitalista. Aquellos que ganan su vida y sus privilegios de la renta de sus terrenos; aquellos tenderos que ganan su vida y sus privilegios de los altos precios añadidos a los productos que ellos no han fabricado y que tan solo intermedian; también están aquellos que tienen condiciones singularmente favorecedoras de su propia vida producto de los intereses de sus préstamos; por último, están aquellos burgueses que, además de gozar de alguna o algunas formas de privilegios de las antes mencionadas, tienen también el privilegio de la educación, una educación que les permite entender el caso histórico de aquellos explotados y explotadores que han integrado desde siempre a la humanidad. Este último grupo son los ideólogos burgueses de los que claramente hacen parte Marx y el propio Engels.

En la segunda parte de la pirámide o estructura social se encuentra una pequeña clase media. Esta se asemeja a los burgueses en tanto que son dueños de sus medios de producción, esto es, son dueños de las herramientas, de los comercios y de las industrias con las que ganan no solamente el pan, sino algo más que se pone sobre sus mesas. La diferencia entre esta clase y los burgueses es que, mientras que los primeros ganan sin el desgaste de su cuerpo, esto es, ganan sin trabajar, esta clase media gana trabajando los medios de producción que poseen (Marx C. , 2006, pág. 60).

En la tercera parte de la pirámide están los proletarios. Y es que la nueva forma de producción "ha aglomerado a la población, centralizado los medios de producción, concentrando la propiedad en pocas manos", lo que ha dado vida a un actor social que no posee nada distinto a su cuerpo, ni siquiera familia, puesto que sus hijos, esto es, su prole, son transformados en artículos de comercio y también en herramientas de trabajo (Marx C. , 2006, pág. 73). Y así, los trabajadores

> encerrados en lo que antes eran pequeñas habitaciones, están organizados en la fábrica como soldados. Se los coloca como soldados rasos de la industria. (...) no solo son esclavos de la clase burguesa del Estado burgués, sino que son esclavizados cada día y cada hora por la máquina, por el capataz, y sobre todo por el fabricante burgués individual (Marx C., 2006, pág. 53).

A este grupo social no le pertenecen las ideas del capitalismo burgués, no son de ellos la moral ni la religión que mantiene estas ideas, ni tampoco las leyes del Estado que permiten esta situación. Nos insiste Marx: "las leyes, la moral, la religión, son para él prejuicios burgueses, bajo los cuales se esconden otros tantos intereses burgueses" (2006, pág. 65). Por tanto, el proletariado es la única clase verdaderamente revolucionaria. Y es sobre los cuerpos agotados y explotados de esta parte de la sociedad humana que se posa el sentido del cambio y de las transformaciones sociales. Estos serán aquellos en los que la historia depositará la posibilidad de una transformación de las sólidas y anquilosadas estructuras sociales (Marx C. , 2006, pág. 63).

En cuarto y en último lugar se encuentra el proletariado que está en harapos, el lumpenproletariado, conformado por todas estas vidas humanas que habitan las ciudades y duermen con las ratas en las alcantarillas, por lo que se les conocerá como rateros. Los lumpenproletarios son todos aquellos criminales y mendigos retratados por Víctor Hugo en su novela *Los miserables*. Aquellos personajes como Babet o Tragamar que habitan harapientos las calles y las cárceles, y que hablan el lenguaje del *caló*, un lenguaje barriobajero y carcelario porque, dice el poeta, "el caló no es más que un disfraz con el que se cubre la lengua cuando va a hacer algo malo. Se reviste de palabras con máscara, y de metáfora con harapos" (Hugo, 2010) .Es decir, son los habitantes más puros y propios del abismo social y serían capaces de venderse al mejor postor tanto como vender a sus propios hijos si esto les diera la oportunidad de tener un pan duro. Y por supuesto, en opinión de Marx, estos mejores postores serían los reaccionarios y los actores contrarrevolucionarios (Marx C., 2006, pág. 64)

4. NO HAY CUÑA QUE MÁS APRIETE QUE LA DE LOS FANTASMAS

Es de notarse entonces que, siguiendo nuestras metáforas iniciales, la visión de Marx sobre el poder está ubicada desde abajo, esto es, desde *la* política. Como se mencionó, el análisis de Marx indica que esto es un proceso histórico realizado por los muchos que cortan el poder de modo horizontal.

> Al principio cada obrero lucha individualmente, después lo hacen los obreros de una fábrica, después los obreros de una rama de trabajo, en una localidad frente al burgués individual que los explota directamente. Dirigen sus ataques no solo contra las relaciones de producción burguesas, sino contra los mismos instrumentos de producción; destruyen las mercancías extranjeras en competencia, destrozan las máquinas, prenden fuego a las fábricas, intentan reconquistar la decaída posición del trabajador de la Edad Media (Marx C., 2006, pág. 60).

Si nos atuviéramos sencillamente a esta toma de conciencia individual y a estos conflictos particulares entre obreros de una fábrica con propietarios burgueses de las fábricas, estos conflictos no serían más que una revuelta, una revuelta sumada a otra. Entonces, ¿cómo procede este movimiento histórico?

Para nada es algo irónico, sino más bien muestra del proceso histórico, el hecho que el feudalismo cayera a manos de la burguesía cuando esta utilizó los caminos desarrollados y el oro acaudalado por los señores feudales. Así también, la burguesía, ha desempeñado un papel altamente revolucionario en la historia.

> Allí donde ha llegado al poder la burguesía ha destruido todas las relaciones feudales patriarcales a idílicas arrancado despiadadamente los abigarrados lazos que ligaban a los hombres con sus superiores naturales y no ha dejado otro lazo entre el hombre y el hombre que el desnudo interés, que el seco pago al contado.

Esta idea que sostiene el proceso histórico y revolucionario dentro de la misma burguesía había sido mencionada por Engels ya al final de un artículo de 1847 sobre los movimientos. En este documento se sostiene:

> Podemos hacer más todavía. Podemos decirle todo esto al burgués abiertamente, podemos jugar con las cartas boca arriba. Que sepan de antemano que solo actúan a favor nuestro. [...]Tenéis que procurarnos, con vuestras fábricas y lazos comerciales, la base de medios materiales que el proletariado necesita para su liberación. Como premio dominaréis durante un breve período (Marx C. , 2006, pág. 27).

De la misma manera, la caída del capitalismo burgués empieza por el uso de los medios de comunicación y de los desarrollos de la misma burguesía capitalista. Es decir, la visión histórica de las transformaciones y de la movilidad social de Marx indica que no hay cuña que más apriete que la del mismo palo, según reza el dicho popular. En este caso, la cuña del fantasma del comunismo.

Entonces, en una sociedad como la burguesa en la que "los que trabajan no ganan y los que ganan no trabajan", los obreros fueron amontonados en fábricas, en esos órganos mecánicos (Marx, 2004, pág. 371) y utilizando la imprenta, con las que se criticaba a la iglesia católica, se comprendieron como un grupo de explotados y a tal lugar, la fábrica, como su lugar de explotación; sí, pero también se vieron entonces como un grupo y no como individuos sueltos, y vieron también en la fábrica un lugar en donde podían ser organizados para ser liberados.

De manera tal que el trabajo industrial de las fábricas y las minas supone la monotonía de la misma actividad, una acción que no diferencia entre las capacidades de un obrero u otro, no diferencia entre el sexo de un cuerpo y otro (Marx C., 2006, pág. 59); un trabajo que, al mismo tiempo que los homogeniza y los aglutina en la explotación, les da la posibilidad de agruparse ya no como pequeño gremio, ya no como los mineros en Irlanda, o como los trabajadores textiles en Manchester. Más bien, la organización del trabajo comunista da la oportunidad a aquellos que son explotados de unirse de manera universal, en un movimiento que buscará conquistar la democracia a favor de la repartición de las riquezas acumuladas por esas pocas manos que dan órdenes en las minas y en las fábricas (Marx C., 2006, pág. 67). Por eso el objetivo del movimiento comunista es abolir la propiedad privada, no cualquier propiedad privada, sino abolir específicamente la propiedad privada de los burgueses (Marx C. , 2006, pág. 78).

Lo anterior indica que las escasas propiedades de los campesinos en el mundo rural, las de los panaderos o las de los pequeños comerciantes y de las clases medias no son objeto del mundo comunista (acaso porque estas serán abolidas por el mismo capitalismo a menos que intervenga el comunismo proletario). El interés específico de abolir la propiedad privada burguesa está en tomar por el mango el sartén de la distribución que es acumulado por los dueños de los medios de producción.

Si el primer propósito del comunismo es abolir la propiedad privada burguesa, el segundo es el fin del trabajo asalariado, esto porque entiende que "los costes que ocasionan el obrero se limitan casi a las provisiones que necesita para su sustento y para la reproducción de su raza" (Marx C. , 2006, pág. 59). Y es que, insistimos, para Marx el trabajo asalariado mienta específicamente un trabajo que recompensa al trabajador en una escasa medida, y que solo le permitirá volver al lugar en donde está siendo explotado (Marx, 2004, pág. 489 y ss). Visto desde el mundo burgués, esto debe ser así. Si se quiere ganar más hay que gastar menos. Pero, visto desde el mundo proletario, el bajo salario, la acumulación de las ganancias, su no distribución son las condiciones históricas con las que se prepara el terreno para la transformación social. Dicho de otro modo, en tan solo cien años de esta "epidemia de la sobreproducción" se ha preparado el terreno para la revolución social porque no hay cuña que más apriete a la sociedad burguesa que la del palo obrero creado en sus propias fábricas.

CONCLUSIONES SOBRE LOS FANTASMAS: VICTORIA Y TRANSFORMACIÓN DEL MOVIMIENTO OBRERO

Pocas dudas caben respecto a las victorias que supuso el movimiento obrero y sus organizaciones: la disminución de horas de trabajo, la libre asociación y el acceso al voto. Acaso estas victorias se vean nubladas por la rutina en la que cayeron sus éxitos.

Quienes hoy trabajamos en extensas jornadas de ocho horas laborales quizás perdemos de vista la significativa victoria que tiene la aritmética de dividir al día en tres partes de ocho horas, las unas para trabajar, las otras para descansar, las otras para disfrutar, y esta realidad de algunos fue una victoria de los movimientos obreros del siglo pasado[2] Y nuevamente los lugares de trabajo transformados tan radicalmente desde aquellas minas en Irlanda y las fábricas vergonzosas de la Revolución industrial en Manchester no coincidirían hoy con la imagen que muchos tenemos del trabajo en casa, o en oficinas y otros lugares más o menos adecuados, pero sin duda, bajo circunstancias en promedio mejores que las de un trabajos promedio de aquella época.

Otro tanto ocurre con los derechos de asociación, otro gran mérito de la democracia. Y es que cuando se permite la libre asociación y expresión, se supone que el poder se está pensado desde abajo, esto es, desde *la política*. Entonces, la democracia tiene como característica intrínseca el sostenimiento del poder popular que permite –no sin esfuerzos– retar al poder institucional. Y acá se observan dos vertientes del que quizás sea el logro más importante del movimiento obrero: el voto.

Primero, demos una mirada a la victoria de las sufragistas, inicialmente las mujeres burguesas y luego las mujeres socialistas. Traicionadas por la Declaración de los derechos universales de los ciudadanos, que no incluyó el de las ciudadanas, el camino de las mujeres hacia el voto fue transitado esencialmente por aquellas que ya gozaban de algunos privilegios sociales, es decir, las mujeres burguesas. Su recorrido, por fortuna cada vez mejor conocido y visibilizado, tiene hitos importantes que pasan por la consecución del voto desde Nueva Zelanda en 1983 hasta el histórico

2. Al respecto véase el capítulo VII de *El Capital* (Marx, 2004) sobre los límites de la jornada de trabajo (diurno y nocturno) y la lucha y consecuencias que sobre este trajo la legislación de las fábricas inglesas en la primera mitad del siglo XIX.

voto de la poeta y activista ecuatoriana Matilde Hidalgo, la primera mujer en votar en América latina. De igual manera, sobresalen sus conquistas relacionadas con leyes del trabajo que favorecían la exclusión de niños en las fábricas, y la reducción de horas laborales que protegían a mujeres gestantes, hasta la asociación nacional de mujeres en 1867 (Matilla, 2018). Todo esto no pueden ser sino una gran conquista. Un voto, un humilde voto en quienes antes no tenían voz, es una gran conquista.

Por su parte, las mujeres socialistas entendían que el voto no era la liberación, sino la participación en aquel sistema excluyente. De allí que el Consejo Internacional de Mujeres de 1888 entendiera –orientadas por Rosa Luxemburgo– que existe un vínculo estructural entre la exclusión y el capitalismo. De ahí su intención de transformar y no solo de participar en el sistema.

Las victorias de los hombres del movimiento obrero también están relacionadas con la búsqueda del voto. La búsqueda del sufragio universal masculino que no dependa del patrimonio, es decir, la conquista de los votos sin importar su relación con la renta fue un punto central del movimiento obrero. Estas luchas por el voto que también buscaron mejores condiciones y estabilidad laboral, mejoras de la protección ante los accidentes laborales y ante la vejez, de mejor higiene, etc. Son victorias que no hubiesen sido posibles sin encontrar primero la consolidación de la asociación de los movimientos obreros. Desde el *Trade Union,* el sindicato textil inglés que logró asociar a 500.000 afiliados con el liderazgo de Robert Owen, hasta la masacre en Chicago el 1º de mayo frente a las instalaciones de Haymarket, las conquistas del movimiento obrero no son pocas.

Pero detengámonos un momento en lo que supusieron las manifestaciones y la represión en la hermosa ciudad de Chicago.

Siguiendo el relato de Bryna Fireside, la fuerza trabajadora de la fábrica y su asociación eran conscientes del poder que tenían, de ahí su iniciativa para exigir mejoras salariales. La policía no demora en empezar la represión: los trabajadores alzan sus gritos, la policía levanta sus armas y los muertos caen. Luego, una bomba de autoría incierta estalla y los muertos aumentan. Los días de represión continúan y los líderes sindicales son llevados pronto a juicio (Fireside, 2002).

No deja de ser significativo que las palabras en la horca de los líderes de esta manifestación incluyan un elemento en común: el problema de la violencia.

Así George Engel declaraba:

> Entonces entré en la Asociación Internacional de Trabajadores. Los miembros de esta asociación están convencidos de que sólo por la fuerza podrán emanciparse los trabajadores, de acuerdo con lo que la Historia enseña. En ella podemos aprender que la fuerza libertó a los primeros colonizadores de este país, que sólo por la fuerza fue abolida la esclavitud, y así como fue ahorcado el primero que en este país agitó la opinión contra la esclavitud, vamos a ser ahorcados nosotros" (Archivo de Chile, 2022).

Pero ¿por qué son importantes estos testimonios de los líderes del suceso en Chicago? Analicemos esto. Un tiempo importante había pasado desde las publicaciones de los textos de Marx y los sucesos acá narrados en Chicago; pasarán además poco más de 30 años entre estos sucesos del movimiento obrero en Haymarket y los acontecimientos revolucionarios dirigidos por Lenin en la Rusia zarista. Es necesario entonces ver qué responsabilidad le cabe a Marx y a sus escritos por los modos en los que sus lectores llevarán a cabo sus intentos de transformación social. En épocas gaseosas y previas a la revolución, las palabras de Marx son muy contundentes: "los proletariados no tienen nada que asegurar de lo suyo, tienen que destruir la seguridad privada y todos los seguros privados hasta hoy existentes". Y más adelante sostiene:

> A señalar las fases más generales del desarrollo del proletariado, hemos seguido la guerra civil más o menos oculta en el seno de la sociedad existente, hasta el punto en el que rompen en una revolución abierta y el proletariado afirma su dominio mediante el derribo violento de la burguesía (Marx C., 2006, pág. 77).

En todo caso, y más allá de la responsabilidad o no que transite desde la gramática a la acción, como se ve en el contraste de las citas, mientras que para algunos líderes la violencia era el modo por el cual esa transformación es posible, para otros, la violencia es no solo editable en un escrito, sino también evitable como acción.

Quiere decir esto que con la transformación y división en el interior tanto de los movimientos teóricos del socialismo y del comunismo, como de los sucesos revolucionarios y sindicales derivados o acompañados de ellos, los logros de los movimientos no se empañan, pero, para muchos, sus medios violentos dejarán fuertes inquietudes. En lo que a este ensayo corresponde, y en atención de lo dicho a propósito de la diferencia entre *la* política y *lo* político en el primer capítulo, cuando la voluntad de los grupos está determinada por la injerencia de la violencia y sus instrumentos se abandona el espacio de *la* política, es decir, del consenso plural de las voluntades, pues aquellos instrumentos que intervienen en la transformación de los asuntos humanos son una forma de poderío dentro de la agrupación humana y, por lo tanto, una forma de despolitización. Recordemos, existe una diferencia sustancial entre el poder y el poderío: mientras que el primero es el acontecimiento que da capacidad de acción a los muchos, el segundo es la forma en la que se doblega la voluntad por vía de un instrumento, por ejemplo, las armas; esta diferencia cualitativa supone una diferencia también cualitativa entre la política y lo político. Dándole una mirada aristotélica y arendtiana a este asunto, allí donde hay instrumentos no hay humanos, y por ende no hay política. (Arendt, ¿qué es política?, 2006) (Arendt, 2005)[3] Como lo veremos en el próximo capítulo, mientras los movimientos sociales armados enfrentan no solamente grandes paradojas, sino, además, importantes derrotas, los movimientos sociales pacíficos se transformaron y sus teorías logran explicar varias de sus victorias.

3. Evidentemente, estamos utilizando acá una distinción conceptual propuesta por Hannah Arendt mencionada anteriormente. Según nuestra teórica de la política,

Capítulo 4.

La escalera de las protestas, o el funcionalismo americano

EL TRÁNSITO A LOS OTROS MOVIMIENTOS SOCIALES

La tradición de todas las generaciones muertas oprime como una pesadilla el cerebro de los vivos

Karl Marx

El epígrafe de este capítulo de nuestro ensayo es una famosa frase de Marx en su *Diez y ocho Brumario de Luis Bonaparte* y mienta la necesidad de romper con el pasado y dar espacio a un nuevo suceso o movimiento histórico. Acá la vamos a aplicar para hacer una reducción *ad-marxismo* de la propia y bella idea de Marx.

Y es que para poder entender el desplazamiento teórico que tendremos en los movimientos sociales, es decir, para poder entender el paso que damos desde el análisis estructuralista de Marx hacia la escuela funcionalista norteamericana de Charles Tilly, y su discípulo Sidney Tarrow, es necesario que observemos algunos de los elementos históricos y contextuales que dieron cambio a ese capitalismo brillantemente analizado por el autor del *Manifiesto comunista* y *El Capital*.

Debemos entender el tránsito que hubo entre los siglos XVIII y XIX que incluyen cambios dentro del colonialismo y el capitalismo europeo, hasta el paso a la primera mitad del capitalismo norteamericano del siglo XX, momento en que se gesta la escuela funcionalista norteamericana que vamos a empezar a analizar.

Dentro de estos cambios destacan la calificación del obrero. Sus hombres salieron de las minas de carbón y las fábricas de algodón y ahora son obreros calificados que saben manejar la metalurgia y la electricidad. Como si no fuera poco, este obrero calificado ahora tiene la posibilidad de algún cierto consumo. Y es que el capitalismo que conoció Marx era productor de bienes y de consumos para pocos, pero esta nueva fase del capitalismo, tras la segunda Revolución industrial, ha permitido que muchos de los trabajadores de las fábricas norteamericanas tengan la posibilidad de adquirir algunos productos.

Es así como las casas de los trabajadores norteamericanos tras la Segunda Guerra Mundial empiezan a llenarse de artefactos producidos en masa por obreros como ellos; sus familias poseen una radio, más adelante habrá un televisor por casa, incluso, los obreros de la Ford tendrán un automóvil que ellos mismos producen. La cocina de estos obreros está dotada de artefactos que facilitan y agilizan la producción de alimentos antes de poder salir a trabajar; el desayuno está hecho en una tostadora que pone a punto sus panes y que saborean con un café extranjero suavizado en leche que se conservó en una refrigeradora, ahí junto a las bebidas gaseosas que les quitan la sed en la tarde. Porque sí, ahora su jornada laboral es menor.

Quiere decir esto que el capitalismo se ha transformado significativamente. Ya no estamos en el mismo capitalismo que fue analizado por Marx, y bellamente denunciado por Dickens en sus famosas novelas, entre las que recuerdo especialmente *Tiempos difíciles.* Ahora estamos en el capitalismo fordista.

Entonces, esta transformación del mundo obrero fue acogida en su seno por el Estado Social de Derecho, y el Estado de bienestar, es decir, las conquistas de los movimientos sindicales y obreros, como por ejemplo el derecho al voto, las reivindicaciones salariales, las condiciones de higiene y mejoras en los lugares y las horas de trabajo, han sido ya cogidas desde arriba y desde *lo político* por el Estado (Piketty, 2021).

Pero es que además de la transformación propia del capitalismo después de la segunda Revolución industrial, debemos entender algunos de los efectos que sobre los movimientos sociales traen dos guerras mundiales: tras el horror de las trincheras en la Primera Guerra Mundial, y tras las fábricas de muertos de los campos de exterminio, el mundo ha quedado completamente transformado. La consecuencia ideológica y geopolítica son dos visiones del mundo distintas, esto es, el conflicto entre el comunismo soviético y la democracia liberal americana (defensora del capitalismo) que supo acoger en su seno estas importantes victorias de los movimientos sindicales y sociales (Piketty, 2019). Y esto está relacionado no solamente con las victorias del movimiento obrero, sino también con la adaptabilidad que tiene el capitalismo y su hogar político, la democracia liberal.

Adicionalmente, las críticas al interior del marxismo no se hicieron esperar. La primera de las críticas hace referencia a que se entendía que el marxismo era un pensamiento racional de la historia, que se apoyaba científicamente en la historia. Sin embargo, la revolución ocurrida en Rusia y amparada teóricamente en el marxismo no está apoyada históricamente en las condiciones previstas por Marx (Pretel, 2011). Dicho de otro modo, no ocurrió donde Marx había predicho, ni tampoco por las razones que Marx había supuesto. Otra crítica no menor que se hace al pensamiento estructuralista del marxismo, es que depende demasiado de la noción de "ideología" y de "clase". Sin embargo, en los movimientos sociales no todo tiene por propósito una reivindicación ideológica o de clase; es así como las mujeres antes de ser obreras son mujeres; y otro tanto ocurre con que la transformación en los medios de producción ha creado la preocupación por aquella que es explotada, es decir, la Tierra (Touraine, 2017, pág. 125). De aquí vendrán movimientos ambientalistas que no necesariamente obedecen a un problema de clase (Ullan de la Rosa, 2016). Tercera crítica: el siglo XX será el momento histórico de la consolidación de unos privilegiados, los estudiantes, que harán parte central de los movimientos sociales a pesar de su privilegio; estos actores sociales se consolidarán en el siglo XX justamente gracias a su privilegio en el tiempo –la juventud– y al privilegio de las ideas, la educación (Touraine, 2017) (Pretel, 2011).

Dadas las transformaciones sociales, económicas, geopolíticas y culturales y dadas las críticas internas a la teoría y a la estructura de análisis que queda en el marxismo, será natural entonces modificar el ángulo con el que se analizan las protestas de los movimientos sociales. A razón de estas modificaciones nos trasladaremos del pensamiento marxista en Europa y aterrizaremos en el análisis funcionalista de las escuelas norteamericanas. Dejaremos los apellidos de Engels y de Marx para sentarnos en diálogo con autores de la llamada Escuela de Chicago, cuyo decano, Robert Park, dio inicio en las primeras décadas del siglo XX a una nueva forma de entender los movimientos sociales, y después de él, autores como Merton, Tilly y Tarrow consolidaron esta escuela bajo una teoría llamada "movilización racional de los recursos" (TMR), y así continuaremos hasta llegar a los años finales de la década del 60 y principios de los 70 en donde aparecerán los valiosos estudios de la socióloga italiana Donatella Della Porta, que nos ayudarán a entender esta segunda e importante escuela, pero también donde los sucesos históricos transformarán las teorías y nos conducirán a nuevos caminos.

1. LOS CICLOS Y LAS PARADOJAS DE LA PROTESTA SOCIAL EN EL FUNCIONALISMO

Al inicio de este capítulo hemos señalado que han existido análisis sobre aquellos sujetos invisibles que se alzan y se manifiestan en contra de los poderosos. Decíamos también que la visibilidad fue un largo camino cultural de reconocimiento en términos de derechos y luego que, a partir de esto, aquellos muchos, aquellos olvidados y pobres, pasaron a ser los actores de las protestas y con esto, protagonistas centrales del mundo moderno.

Sin embargo, según sea la época, el lugar, o incluso las gafas teóricas con las que intentamos visibilizar a aquellos actores no vistos, las cosas pueden cambiar significativamente, y esto ocurre con el paso que hemos dado entre el estructuralismo marxista y la escuela americana del funcionalismo; y es que en las protestas cada grupo tiene una historia de invisibilidad, cada grupo tiene su propia memoria, y estas a veces se narran con, a veces paralelamente a, incluso, en contra de otros grupos.

Desde que nació el Estado moderno existe una relación de fuerza entre dichos grupos (sectores o subsistemas) y las elites o los detentores de la fuerza o la autoridad (Tarrow, 2018, pág. 28). De hecho, en su fundamental y valioso texto *Los movimientos sociales*, Donatella Della Porta (2011) nos enseña que la protesta social es un fenómeno típicamente moderno dado que es una confrontación entre el Estado moderno (burgués–capitalista) y sus excluidos circundantes. Esto implica un cambio de lugar en el poder (al menos aparentemente), pues, mientras que antes se quemaron graneros o molinos, mientras que antes los perturbadores invisibles llegaron a las casas privadas de sus contrarios, con el surgimiento del Estado moderno y la consolidación de la democracia liberal representativa, se trasladó el poder a dichas instituciones responsables de la protección de aquellos sujetos del pacto; o también ocurrió que, ante la desprotección estatal, este actor olvidado se movilizó por las calles y alrededor de los símbolos del poder nacional, esto es, plazas, monumentos, parques, etc.

No obstante, un cambio significativo tenemos desde esta nueva óptica de la escuela funcionalista: Ya no se trata de la medición de dos fuerzas en una estructura, los de arriba contra los de abajo, por ejemplo, sino de una serie de relaciones mucho más complejas. Así, la Revolución francesa reunió tanto a intelectuales como a la clase media y a los trabajadores; la Revolución americana vinculó a distintas clases y sectores sociales que dependían de, se relacionaban con y se enfrentaban al Imperio británico, todos de modos distintos y con intereses diversos. En nuestro propio jardín, la independencia vinculó a distintas capas sociales y grupos.

Para los despreciados y los invisibles, para aquellos actores emergentes que demandan ante el Estado, se trata de hablar de *la política*, según se señaló antes. Para los actores estatales, se trata de mantener el orden dentro de la unidad política, esto es, se trata de *lo político*. Con esto volvemos a la pregunta de nuestro capítulo inicial por cómo romper el huevo, pero con una importante novedad: para los actores de la protesta, la búsqueda o lucha por el reconocimiento se hace ante un ente menos sólido y, además, el Estado no solo es más gaseoso, sino que se enfrenta al incremento de la despolitización y a los discursos de la democracia directa que dicen o pretenden salvar a los actores de la protesta de todo ese aparato burocrático, es decir, se enfrenta a los discursos exitosos del populismo.

Así, en tanto que la comunidad humana depende del intercambio, el Estado tiene que mantener la facultad de regular asociaciones e intercambios entre las partes de sus integrantes, esto es, entre actores sociales que conforman microsistemas. Aún más, tras la ampliación paulatina del sufragio se plantea la necesidad de la representación dentro de las esferas de la autoridad. Si estas no escuchan o atienden de modo suficiente, los actores sociales buscan aliados para hacerse notar. Insistimos acá en una premisa política: Existir es ser percibido. Esto quiere decir que aquellas agrupaciones que quedan fuera del margen de los beneficios de redistribución o de reconocimiento del pacto estatal se organizan en función de conquistar dicha igualdad, es ahí donde aparecen las protestas con las que son percibidos por parte de las autoridades y entonces decimos que, políticamente hablando, existen.

Por su lengua, bien sabían los griegos los problemas de la representación en política. Por ello poco cabe esperar de la comunicación con el Estado, por estar este ocupado en sus propios y técnicos asuntos (que paradójicamente deberían ser los de todos). Tampoco es de esperar que todos los ciudadanos estén preocupados por el interés de todos, pues habitan una cultura que enseñó a ocuparse solo del negocio propio, habitan una cultura que heredó del cristianismo el desinterés de lo público y de las cosas "de este mundo", y las preocupaciones de todos solo movilizan a unos pocos (Arendt, 2000).

Dicho de manera breve, cuando la maquinaria estatal es ineficiente, los gritos sordos de esos seres humanos invisibles ante el Estado tienen necesidad de agruparse con otros seres y sectores –también invisibles– para hacerse notar. Se supera pues la asociación y el intercambio comercial de las de cosas y se intercambian también desenfados y necesidades mutuas, inconformidades, anhelos y pliegos de peticiones. Esta comunicación va concentrando los distintos grupos o actores sociales, y en el medio de dicha congregación surge entre ellos el poder de la política. Entendemos el poder acá como

> [...] la capacidad humana, no simplemente para actuar, sino para actuar concertadamente. El poder nunca es propiedad de un individuo; pertenece al

> grupo y sigue existiendo mientras el grupo se mantenga unido. Cuando nos referimos a alguien que "está en el poder", nos referimos a alguien que tiene un cierto número de personas para actuar en su nombre (Arendt, 2005, pág. 60).

Este tipo específico de asociación cobra entonces poder y saca al Estado de su propia idiotez, en el sentido de ἰδιώτης, de su ensimismamiento, manifestándose en esa movilidad por los lugares públicos, cantando arengas y rayando los monumentos y símbolos de dicho pacto de protección que pide obediencia, pero que no cumple la protección a sus ciudadanos.

Esta movilización –que supone parálisis del orden y de la producción– resulta entonces clave para la visibilidad de tales actores; así entonces, decimos con la referencia de Della Porta, Taylor que llamamos protesta a "(los) espacios de contestación donde se utilizan cuerpos, símbolos, identidades, prácticas y discursos para prevenir o conseguir cambios en las relaciones institucionalizadas de poder" (Della Porta, 2011, pág. 214) de tal modo que el surgimiento de este tipo de poder político de la protesta se revela como una amenaza para los medios que ostenta la autoridad pública, pues si los canales de representación de dicha autoridad no visibilizan o representan sus demandas, si el sistema no escucha las alarmas de la perturbación del orden, la congregación de los grupos sociales que paraliza la normal producción de bienes acontece como un poder que enfrenta a ese otro poder. Es así como el poder horizontal enfrenta y cuestiona el poder vertical, es así como *la* política se enfrenta con *lo* político.

Dado que el poder de *la* política está directamente relacionado con la persuasión de los actores sociales, la comunicación y difusión de los problemas de sectores sociales son claves para la consolidación de poder. La unión hace la fuerza, dice el proverbio.

Conforme empiezan a narrarse, los actores sociales empiezan a hacer visibles a los otros, también se hacen visibles las cicatrices de sus cuerpos sociales, sus hambres y sus demandas. Por tanto, no se trata acá de las manifestaciones de un único grupo, por ejemplo, del mundo obrero, sino que más bien se trata de la incorporación de los mutuos problemas y necesidades que convocan a paralizar las arterias de la ciudad y a marchar en las calles.

El poder congrega y muestra entorno suyo a los distintos actores, antes invisibles y mudos. Así, los aldeanos de antaño quemaron los graneros de los poderosos; Mario y sus amigos lucharon en las barricadas de las pequeñas calles francesas en *Los miserables*, en el bello homenaje que hace Víctor Hugo a los revolucionarios de la República y en reconocimiento a la importancia de lo ocurrido en julio de 1789; los obreros pararon las fábricas cientos de veces desde el siglo XIX; el 8 de marzo de 1875 las mujeres trabajadoras de las fábricas textiles se tomaron las calles de New York y posteriormente las mujeres estadounidenses rodearon la Casa Blanca, lo que daría origen al movimiento de las sufragistas; las marchas fueron parte del repertorio de las protestas de la India contra el poder colonial británico. Por su parte, los años sesenta nos regalaron varios de los movimientos sociales más destacados, y mientras los afroamericanos revindicaban sus derechos en una marcha sobre Washington en 1963, los estudiantes de la Sorbona paralizaron el Boulevard San Michel en 1968, y poco después, también los estudiantes, pero ahora en Johannesburgo, protestaron por la inclusión del idioma "*afrikans*" como idioma de enseñanza, pues lo consideraron una forma de exclusión racial; 4 días antes de la caída del Muro de Berlín distintos artistas y directores de teatro convocaron a una marcha en la Plaza Alexander de Berlín en la República Democrática de Alemania. Esto solo por citar algunos de los ejemplos más conocidos del pasado, que nos sirven para tomar una lección muy clara: existir es ser percibido.

Todo esto muestra que la visibilidad que logra la unión de los distintos actores sociales otorga poder en *la* política. Entre grupos se prestan los modos de negociar, sus tácticas de manifestación, los gritos y los pitos, lo que Tarrow llama el repertorio de la protesta (El poder en movimiento, 2018, pág. 260). Estos modos o repertorios de la protesta van en mareas distintas que se prestan y heredan entre grupos, mientras simultáneamente van apareciendo otros nuevos modos y cantos que tienen el mismo propósito: llamar la atención de los transeúntes, lograr más simpatizantes de la causa y lograr nuevos marchantes que incrementen la presión social y legitimen las causas con la que se ponen en jaque al poder institucional. "! Oiga, mirón, ¡únase al montón, su hijo es estudiante y usted trabajador!", se grita en Colombia, solicitando la suma de fuerzas de dos mundos distintos, estudiantes y trabajadores. Pero ¿qué ocurre con tales movimientos?

2. BEETHOVEN SALE A MARCHAR. LA BÚSQUEDA DE LA RECEPTIVIDAD Y EL RECONOCIMIENTO

Cuando los actores sociales entran a negociar y sus representantes quedan a solas con los negociantes y gerentes del Estado, la protesta social corre el enorme riesgo de la desintegración: bien sea porque no todos los actores sociales caben en la negociación, bien porque se privilegian unos sectores sobre otros, o bien porque la corrupción media en la negociación. Así, los actores sociales entran en un círculo vicioso de necesidad de diálogo institucional = pérdida de fuerza.

Entonces, los grupos deben ampliar no sólo sus integrantes, sino entrar en un proceso de búsqueda de aquello que Donatella de la Porta llama *niveles de receptividad*, esto es, poner su interés en la agenda pública. Esta es la victoria que da la convocatoria a las plazas, a los monumentos y a las marchas por las calles, con lo cual este repertorio cumplió ya su función; Donatella Della Porta nos enseña acá que los movimientos logran una primera fase, la de la *presión social*, aquella presión que obliga al ciego o indiferente poder público a negociar y dejar el ensimismamiento para entrar en diálogo con ese poder que se teje en las calles.

Pero acá la movilización de las calles pierde ya su efecto en la medida que cumplió su objetivo, ahora se trata de consolidar una segunda fase, *la agenda pública,* aquellas demandas que convocaron a las movilizaciones. Es decir, para lograr la protección efectiva que los demandantes buscan, estos pitos y gritos de las calles deben volverse un proyecto de ley, soportado por apoyo no solo de los ciudadanos, sino de sus representantes en el cuerpo del Estado, es decir, de los partidos y organizaciones públicas que lleven a garantía de ley sus demandas. Sin esta institucionalización de sus demandas es difícil que tales procesos se cumplan.

Una tercera fase es la del *rendimiento*. Una vez el proyecto de ley –o leyes– esté en marcha bajo la vigilancia activa de los movilizados, será ahora momento de que los representantes del poder de los ciudadanos hagan dicha legislación, por lo que se requiere que dicha nueva ley que protege las demandas de los marchantes entre en fases de *análisis de rendimiento*. Así, tales demandas llegan al cuidado y vigilancia de formas u oficinas públicas que garanticen la aplicación de tales leyes, para que no se queden en el papel. Es decir, acá será función tanto de las instituciones públicas de control y de vigilancia, como de las vigilancias ciudadanas, velar por que las secretarías, superintendencias, o cualquier tipo de oficina pública encargada de aplicar y vigilar las nuevas leyes hagan constante revisión de la aplicación de estándares de rendimiento de esa legislación que nació de las protestas; solo ahí se logrará llegar a la última etapa de una movilización social, es decir, la *transformación cultural*.

Y es que, como enseña Aristóteles en *Ética a Nicómaco*, la ley no hace ni buenos ni justos a los hombres. Entonces, aquella transformación solicitada en las calles pasará por un largo flujo de tiempo antes de que esa ley se haga una cultura; solo entonces la larga historia de las desigualdades, de las violencias, que también puede llamarse la historia universal de la infamia, podrá cerrar sus ciclos.

Pero atendamos una cosa: estos *niveles de receptividad* no se cruzan entre sí a modo de una larga escalera al progreso. No ocurre, por ejemplo, que algo esté en el escalón 1. Protesta social, pase luego al 2, Agenda pública, y llegue al escalón 3, Agenda Legislativa. No. Más bien, estas ideas de reconocimiento de los derechos tienen intensidades más o menos simultáneas en las que, por ejemplo, mientras que algunos grupos, como los ecologistas, marchan y *protestan* en nombre de X o Y proyecto, otros movimientos y grupos sociales, por ejemplo las feministas, logran la suficiente presión para que sus demandas sean ya (como en el caso del aborto) una institución que debe empezar la fase *análisis de rendimiento,* todo lo cual se discute en una mesa de un hogar colombiano cualquiera, donde la hija –una joven mujer vegana de nombre Carolina– discute con sus carnívoros, antiabortistas y ya mayores padres sobre la hoy polémica ley que permite el aborto, evidenciando una transformación cultural. Todo esto ocurre entre dos generaciones que hablan mientras en la tele de aquel hogar pasan imágenes sobre los derechos civiles afroamericanos y muestran el famoso discurso *"Yes, we can"* del primer expresidente afro de los Estados Unidos, presidencia que hace apenas unas décadas era apenas un sueño para Martin Luther King Jr.

Y es que esta mirada liberal de la historia y de las luchas por el progreso tiene en las ideas kantianas y hegelianas todo su soporte, es decir, estos pensadores que habían adoptado esos valores cristianos de los que se comentó en el capítulo anterior, consideraron el progreso como un largo camino (un infinito camino para Kant, un camino que llegaba hasta el Estado liberal postnapoleonico, en el caso de Hegel), que, en todo caso, avanzaría en una línea recta en el tiempo hacia algo llamado progreso, entendido este como el cierre entre la brecha de la moral, la política, las artes y la economía, al cuidado de las diversas instituciones públicas.

Así, esa ilusión de igualdad y fraternidad que Beethoven consignó en su famosa sinfonía novena, no se queda en una ilusión hermosa, en el coro de una sinfónica. Veamos.

Para historiadores de la Economía como Thomas Piketty, "existe tendencia a lo largo de la historia a una mayor igualdad social, económica y política" (2015, pág. 9). Así, en su libro *Breve historia de la igualdad* tanto como en su *Capital e ideología*, el socialdemócrata y economista francés sostiene que "el progreso humano existe" y que para ello "basta con observar la evolución de la salud y la educación" (Piketty, 2015, pág. 37).

Los diversos ejemplos del economista nos muestran que la vida del ser humano en la Tierra está mejor protegida ahora que antes, y que estos tienen cada vez mayores niveles de educación y cada vez mejor cuidados de su vida y salud, esto es, cada vez más gente llega con mejor salud a edades más avanzadas; el estudio y la alfabetización es cada vez más un derecho que un privilegio, lo que se ve reflejado en las mejoras de las tazas de alfabetización. Para mostrar esto, Piketty hace un recorrido socioeconómico en países diversos como los Estados Unidos, la India, Sudáfrica, entre otros, donde, en efecto, se puede ver que las comunidades antes carentes del reconocimiento de sus derechos vienen reconquistándolos y así también pasa con los índices de consumo, de renta, de propiedad, índices de riqueza, etc., todo lo cual nos hace pensar –con cifras claras– que "el movimiento hacia la igualdad solo puede reanudarse si esas instituciones (las del Estado social de derecho) son objeto de una amplia movilización y apropiación colectiva (Piketty, 2015, pág. 180)[1]

Por eso, todo su libro está enfocado a mostrar cómo, a pesar de las aún notorias desigualdades económicas, sociales y raciales, existen razones suficientes para creer que la vida avanza a un mejor lugar para todos, conducidos por una especie de dialéctica entre protestas que demandan derechos, y derechos que se van conquistando por vía de instituciones y políticas públicas. El estudio de Piketty concluye que, a pesar de momentos de retrocesos (como los primeros años del siglo XXI), la humanidad se encamina a la trasformación del capitalismo de la mano del Estado social de derecho y sus herramientas fundamentales: la fiscalización progresiva, el control de las herencias y el control de los megacapitales (Piketty, 2015, pág. 189).

Con esto, cree el pensamiento social demócrata y liberal, es posible un mundo más acorde con las notas de la sinfonía de Beethoven, que como mencionamos antes, terminan llamándonos por medio de su hermosa y famosa coral sinfónica a un mundo de igualdad donde todos somos libres e iguales y nos queremos como hermanos.

1. Los ejemplos y cifras que pone el citado economista no son menores ni pocos, ni solamente europeos. Así, la esperanza de vida en la Tierra entre 1820 y 2020 cambió de 50 a 72 años; los niveles de educación básica pasaron del 0, 5 % al 85 %. También la renta media se ha multiplicado: nos cuenta el historiador de la economía que entre 1700 y 2020 esta pasó de ser de menos de 100 euros (el equivalente) por habitante a 1000 euros (Piketty, 2021). Esto por citar tan solo algunos ejemplos.

3. LOS DIENTES DEL MONSTRUO: EL DERECHO Y LA LEY

El Leviatán es un monstruo sordo a ciertos dolores y demandas, y con dientes voraces para otros. Cuando las protestas hacen sonar las alarmas muestra sus dientes para devorar a los que ahora protestan. Expliquemos esto.

Decíamos que cuando los grupos que consolidaron su poder en las calles son llamados a negociar, esta llamada no puede sino desarticular los grupos que se habían unido para formar un poder convocante. Es decir, cuando la protesta alcanza la etapa o fase dos de su movilización, la *agenda pública,* el poder que había aparecido en su congregación y posicionamiento de espacios se debilita en la medida que la mesa de negociación no tiene tantas sillas. Las sillas se ocupan alrededor de la capacidad de los grupos por imponer su propia agenda, según su tamaño, su fuerza de presión, su experiencia en la negociación, la cohesión externa o apoyo que sus demandas legitiman, etc.

Con esto, los actores sociales que marcharon pueden dividirse y perder la concentración de poder; también es posible que los actores sociales que entran a negociar sabiendo de ante mano que algunas demandas deben volver a ser invisibles y retornar al coro del cambio. Acá los grupos con menor cantidad de integrantes, los más recientes, o los que representan casos muy concretos y menos expandibles a otros actores sociales son los más vulnerables a ser nuevamente enviados a la calle. Por ejemplo, supongamos una movilización que congrega diversos grupos y demandas, tales como salud y educación pública, aborto legal seguro, la abolición de la monogamia heteropatriarcal y la prohibición de las corridas de toros; es muy seguro que los grupos que más fuerza y legitimidad social congregan sean quienes ocupen mejores sillas en el pacto. De tal modo, seguramente esta negociación será mucho más favorable para las demandas de salud y educación pública, otro tanto más para las discusiones sobre el aborto legal y seguro, y mucho menos para los activistas poliamorosos y los detractores de las corridas de toros.

Ahora bien, estos grupos que logran entrar en la negociación deben enfrentar los dientes del monstruo llamado Leviatán, es decir, los sistemas del derecho. Dado que el sistema del derecho regula otros sistemas, este puede devorarlos; así, la fase que llamamos *la agenda pública* es uno de los más grandes escollos de la transformación social. Por ejemplo, las protestas por razones económicas o educativas quedan atrapadas dentro del sistema del derecho, puesto que el derecho regula no solo las protestas, sino que además regula a los otros subsistemas, como la economía, la salud o la educación (Lhuman, 2000)

Entonces, las perturbaciones sociales son adoptadas y absorbidas por el derecho que regula el sistema sin que esto suponga necesariamente una transformación social. Permítanme un par de tristes ejemplos. No por su incorporación en la Constitución Política de 1991, las comunidades indígenas están mejor resguardadas, valoradas e integradas, aunque hoy exista un verdadero avance constitucional en materia de derechos para estas comunidades. El día que escribo estas líneas una menor de edad perteneciente a una comunidad indígena fue violada por siete integrantes del Ejército Nacional de Colombia. De igual modo, no por estar tipificado el feminicidio como delito, las mujeres caminan más seguras en las calles. Ni tampoco por recibir clases de democracia y paz, o de sexualidad y prevención de embarazos no deseados, nuestros jóvenes son más demócratas y cuidadosos con su cuerpo. Y es que, así como el mucho saber no da entendimiento, así tampoco las leyes hacen justos y buenos a los hombres, y la transformación cultural no ocurre con prontitud ahí donde el sistema del derecho pone sus dientes.

Lo que parece ocurrir es que el sistema de derecho devora las demandas de los actores sociales y los institucionaliza. Los gerentes del Estado dirán después que esta o aquella demanda es "un reto", "una tarea pendiente", y que el hambre y la enfermedad de aquella otra comunidad "son una oportunidad de mejora". Por su parte, las ciudadanías verán en aquella traba un motivo más para el desencanto y la despolitización. "Nada cambia, todo sigue igual", "Por eso es mejor no meterse en política", pensarán los unos; "Debemos seguir, volver a marchar", declararán los otros. Y acá viene otro nuevo reto.

Como si no fuera poco con este peligro inherente a la lógica interna de la movilización social, los pliegos de peticiones, las marchas y las negociaciones con las autoridades estatales, los actores sociales que se visibilizan tienen en su contra a un tirano universal: el tiempo. En la enseñanza del mito griego, Cronos es un devorador de hombres y de dioses. Este es un factor que también puede devorar el poder logrado por las distintas agrupaciones: mantener la innovación y la atención de la convocatoria es una enorme dificultad. Los actores sociales que marchan no son marchantes profesionales, la policía que pone las barreras sí es profesional en frenar las protestas. Es entonces cuando la prolongación en el tiempo y la rutina, o la institucionalización de la protesta son, paradójicamente, un enemigo de las protestas (aunque, como vimos, no de las trasformaciones sociales). Dicho de otro modo, así como el tiempo y su espada de la rutina son enemigos de la pasión erótica, así el tiempo es enemigo de las marchas y la pasión del cambio. El tiempo y su rutina son una barrera invisible y poderosa con la que chochan los marchantes.

Ante la petrificación de las pasiones del cambio, los grupos sociales que salen desfavorecidos en la negociación pueden, o bien continuar las marchas y seguir prendiendo las alertas, iniciando con esto un nuevo ciclo de protesta social, que puede llevar generaciones hasta conquistar la fase 5, *la trasformación cultural*; o bien, estos actores pueden anhelar un cambio más rápido, menos prolongado en el tiempo y en las generaciones, es decir, pueden radicalizarse. Digámoslo de este modo: tras el fracaso en el diálogo con la burocracia, estos grupos se enfrentan con la burocracia de la calle, la policía (Della Porta, 2011, pág. 253). Analicemos, entonces, qué pasa si un grupo de los manifestantes decide volverse radical y tomar las armas.

Evidentemente acá cambiamos el foco del análisis de la protesta y ya no lo vemos desde la horizontalidad de *la política*, sino desde la verticalidad de *lo político*. Según la metáfora de Gulliver antes usada, con la instrumentalización y la violencia en la protesta social dejamos de hablar de *la política*, cuya arma es el diálogo, y pasamos a hablar de *lo político*, es decir, de una confrontación agonal por la hegemonía de quien corta el huevo desde arriba. Pero con la radicalización pueden ocurrir dos cosas.

Primera. Con la radicalización de los grupos sociales que protestan, se pierde la horizontalidad del poder o, mejor dicho, se abandona la idea de *la política*. Habíamos marcado cómo allí donde inicia la violencia termina la política; entonces, al entrar en dicha confrontación, estos grupos ingresan a la esfera de *lo político*. Visto desde este ángulo, tales grupos que invocan la espada de la autoridad estatal y el arma protectora del Estado son una amenaza contra sus propios con-ciudadanos. El conflicto, según esta mirada, bien puede ser socavado pronto por la victoria de la espada oficial y, ante la mirada de la justicia institucional, bien puede el arma legítima del Estado acabar violentamente la manifestación, y con ello acabar ese foco de la protesta, aunque esto no significa nada para la demanda social.

Segunda. Otra manera de ver esta radicalización tiene a su vez dos subgéneros. Este conflicto se puede intensificar hasta su mayor proporción, una guerra civil. De ser este el caso, solo hasta que alguno de los bandos doblegue al otro y la *verita effettuale* indique el nuevo estado de las cosas se sabrá quién fue el vencedor. Es decir, la radicalización que conduce a la protesta por medios violentos supone el inicio de una guerra interna en donde, o bien la antigua autoridad estatal marcará su poderío por medio del uso de la fuerza, o bien el agrupamiento armado de los protestantes conduce a la paradójica situación de marchar con demandas contra el Estado para, posteriormente, y por vía armada, dejar de ser actor social que marcha en nombre del cambio y pasar a ser actor estatal que se autodisolvió como actor social para vestirse en un nuevo Estado, con la nueva obligación de sostener el nuevo orden de las cosas. Ahora bien, sea como victoria del Estado ante los marchantes que desafiaron con armas la legítima potestad armada, o bien sea como actores sociales que entraron en armas y disolvieron al viejo régimen, esta forma de protesta armada nos revela que en esta paradoja se impone la fuerza, no la justicia[2].

2. Sobre esta paradoja de la lucha guerrillera o partisana hemos hablado en otra ocasión. Véase el segundo capítulo de nuestro texto *Autoridad y enemistad* (Donato, 2006).

Detengámonos ahora en esto: Decíamos que en los ciclos de protestas algunos grupos eran condenados a salir nuevamente a la calle, a volver a la larga marcha del progreso en las protestas callejeras. ¿Cuál es el efecto de este brote de violencia en aquellos grupos más moderados? Tras la escalada de represión y violencia, lo normal es que tales grupos se alineen en favor de uno u otro bando.

Los estudios de Della Porta nos indican que aquellos que se radicalizan se hacen más pequeños en número, pero la fidelidad de sus integrantes se incrementa, esto debido a que el riesgo asumido aumenta también el compromiso; por ello, también ocurre que se hacen expertos en tácticas cada vez más extremas (Della Porta, 2011, pág. 227 y ss). Por su parte, el efecto de esta radicalización de los unos es también la radicalización de las fuerzas del Estado que también se intensifica en su violencia; por último, a muchos de los otros marchantes- más pacifistas- les llega el desencanto, la rutinización, acaso se suman a las olas de indiferencia y despolitización. Y es acá, en esta fisura entre los movimientos sociales radicales y violentos, por un lado, y los desencantos y la despolitización, donde se abre el espacio conceptual e histórico de otros actores: de los Nuevos Movimientos Sociales (NMS).

Es todo este marco de despolitización, de crisis de las instituciones democráticas y este largo historial de desigualdad y violencia estatal y no estatal lo que condujo al nacimiento de otro tipo de actor, un actor que no espera a las llegadas de las oleadas de progreso beethoveniano, pero que tampoco se radicaliza, ni se despolitiza.

Hemos llegado con esto a la aparición conceptual de lo que acá llamamos el "alter-activista". Con este recorrido, a veces tanguero y melancólico, a veces beethoveniano y esperanzador, hemos visto los ciclos de la protesta social pacífica y sus tradicionales modos y caídas. Damos paso a una alternativa distinta para la protesta social, que por ahora suena más alegre y movida, menos violenta y paradójica, una forma de acción social colectiva que tiene otras visiones de poder y otro *ethos* de acción. Hemos llegado, pues, a ese actor posmoderno de la protesta que acá llamamos el "alter-activismo".

Capítulo 5.

Dios ha muerto... y la revolución, también

1. QUIEN NO CREE EN DIOS, QUE NO CREA EN EL DIABLO. NIETZSCHE Y SU PRESENCIA EN EL POSESTRUCTURALISMO Y LOS MOVIMIENTOS SOCIALES

Para poder mirar hacia adelante respecto a los nuevos movimientos sociales debemos hacer el gesto extraño de mirar hacia atrás. Y es que debemos mirar hacia un pensador que nació antes de los sucesos que narraremos y cuya influencia es decisiva para entender por qué los nuevos movimientos sociales abandonarán los meta-relatos del Estado y de la lucha contra el Estado, y se acogerán en la subjetividad: ese pensador es Friedrich Nietzsche. Y es que la influencia de Nietzsche en las narrativas sobre el sujeto, la subjetividad, lo postsocial y lo postnacional son herramientas decisivas cuando hablamos de los nuevos movimientos sociales, y curiosamente, aunque muchos de sus teóricos son lectores de él (por ejemplo, Foucault, Guatari), pocas veces los textos sobre los movimientos sociales realizan este gesto de comentar o rastrear dicha herencia. Con esto no estamos diciendo que Nietzsche sea el modelo teórico de los nuevos movimientos sociales, como Marx fue modelo y faro del movimiento obrero. ¡No! Pero sí parece muy importante observar algo que suele pasar desapercibido en muchos textos de sociología sobre los movimientos sociales. Por eso acá intentaremos avanzar en ese camino, no solo para abonar a aquella deuda, sino también y sobre todo, para rastrear de mejor manera ese gesto teórico y cultural que habita en el tema que estudiamos.

Famosas como pocas es la frase de Nietzsche en su *Así habló Zaratustra*: “Dios ha muerto, lo hemos matado a nosotros”. Pero ¿qué tiene que ver esto con los nuevos movimientos sociales? Veamos.

En al menos tres ocasiones Nietzsche aborda la tesis de la muerte de Dios. La primera de ellas en el aforismo 84 de *El caminante y su sombra*; la segunda, en el aforismo 125 de *Gaya ciencia*; la tercera, la más famosa, en el prólogo del *Así habló Zaratustra*.

El primer relato es un cuento corto en el que unos presos se sorprenden al saberse liberados por el hijo de su carcelero, quien les perdona sus culpas; tras una discusión a propósito de si debían marcharse de la cárcel y creer o no en el relato del hijo del carcelero, estos se encogen de hombros sin saber qué hacer (Nietzsche, 1994). El segundo relato, más famoso que el anterior, se titula *El loco* y narra la historia de un sujeto que en plena luz del día llega a una plaza con la luz artificial de una linterna y pregunta si alguien ha visto a Dios; ante las burlas o el silencio, el loco responde lo que ha ocurrido:

> Os lo voy a decir, lo hemos matado, ¡vosotros y yo! [...] ¿cómo hemos podido bebernos el mar?, ¿quién nos ha dado la esponja para borrar el horizonte? [...] también los dioses se pudren [...] Dios ha muerto y seguirá muerto [...] ¿cómo consolarnos nosotros, los asesinos? [...] ¿no tenemos que convertirnos nosotros en dioses? (Nietzsche, 2011)

En este momento el loco advierte una cosa y exclama: "hemos venido demasiado pronto, no es todavía mi momento" (Nietzsche, 2011).[1]

Fijémonos en los siguientes elementos de lo narrado. El primer relato nos muestra unos sujetos atrapados que no saben qué hacer ante su libertad. Encontramos una gran cantidad de simbolismos como, por ejemplo, el contraste entre la luz natural y la luz de la linterna; pensamos inicialmente que, al cargar la luz artificial en plena luz del día, pareciera

1. En su capítulo titulado *Del país de la cultura* también nos insiste en que el presente, su presente, todavía no puede acoger su mensaje, pues no he encontrado hogar en ningún sitio: *"más huyo en todas las ciudades, y una despedida junto a todas las puertas (...) por ello amo yo tan solo el País de mis hijos, el no descubierto, en el más remoto: que lo busquen incesantemente ordeno yo a mis velas"* (Nietzsche, Asi habló Zaratustra)

ser él, el loco, quien carece de luces. También está aquel otro elemento: sabemos o asumimos que el sujeto de la luz artificial está loco porque así está titulado el pasaje, o porque es una minoría entre una mayoría en la plaza. Adicionalmente, acá nos preguntamos –poéticamente– por la existencia de Dios: ¿en dónde está?, ¿qué pasó con él?, lo que quiere decir que Dios existió, pero que ya no está. Si murió es porque estuvo vivo. De hecho, el loco se pregunta cómo fue posible que esto ocurriera y, a diferencia de los incrédulos e inactivos presos del primer relato que no saben qué hacer con su libertad, el loco se pregunta si acaso lo que queda para el hombre no es convertirse él mismo en una divinidad.

Vamos ahora al último relato. El *Así habló Zaratustra* está también lleno de elementos metafóricos que obligan a la interpretación. No nos dedicaremos a ellos ahora, y solo diremos que aquel hombre que vivía alejado de la ciudad, esto es, de la tradición y sus normas, baja desde la montaña hacia la plaza –que representa a la política y a la comunidad humana–; de camino se encuentra con un extraño anciano quien le dice que no lleve el fuego de su saber al pueblo. De su conversación Zaratustra deduce que el anciano no se ha enterado de la muerte de Dios.

Posteriormente, encontramos que toda la primera parte del *Zaratustra* está llena de ataques a la metafísica cristiana, a su moral, a los sujetos y vidas que esta metafísica y esta moral han consolidado en Occidente por vía de una telaraña que los atrapa como a moscas en lo que el Nietzsche del *Zaratustra* entiende es el Estado. Pero ¿qué tiene que ver esto con los nuevos movimientos sociales?

Primero. Las pretensiones con las que Nietzsche escribe no son producto del azar ni tampoco de una frustración poética. Son el resultado consecuente de un intento por escaparse de la metafísica occidental que durante dos mil años atentó contra la vida de los individuos con el invento del "ser" y la "sustancia"[2]. La metafísica se manifiesta, en principio, como

2. Quien esté interesado en cómo interpreta Nietzsche el proceso de aprendizaje de los hombres, puede consultar los aforismos: 1. "Química de las ideas y de

un postulado sobre el ser, pero Nietzsche entiende que es una trampa del lenguaje que nos hace pensar que existen cosas estables y esencias. Por ejemplo, si yo escribo "ahora rojo", este "ahora" deja de ser un instante que fluye en el tiempo para quedar petrificado en la gramática, y por su parte, el "rojo" identificará por igual al rojo de una manzana, al rojo de una rosa, o al rojo de un abrigo. Por tanto, la primera forma de esquivar la metafísica que nos lleva a la creencia de lo estable, lo esencial y el ser, se esconde en una gramática que tiene por propósito dejar abierta la interpretación.

Pero no es solo la gramática la que esconde la metafísica. Esa gramática que petrifica el instante del "ahora" nos permitió pensar en cosas estables. Así como dijimos "ahora" y el tiempo siguió su curso, así también dijimos "bueno", "malo", "santo" y petrificamos en una palabra significados distintos. Luego, piensa Nietzsche, creímos que todas estas cosas como lo "bueno", lo "malo", lo "santo" existían y eran estables a lo largo del tiempo; creímos, además, que se aplicaban igual para diversas acciones, y fue por esa falsa creencia que en algún momento los humanos las consideramos como verdadero y estable, y con ello le dieron sentido y calor a la vida.

De ahí que los presos de la cárcel no sepan qué hacer sin estas nociones, es decir, sin el carcelero; de ahí que el loco en el fragmento se pregunte qué hacer ahora que Dios está muerto; de allí que tras él prólogo en el que se anuncia la muerte de Dios, Nietzsche pase a analizar las derivaciones de Dios en la moral y en la política.

Por tanto, lo primero que tenemos que ver es que cuando decimos "Dios ha muerto", decimos que existió, que estaba vivo, pero que lo que

los sentimientos"; 2. "Pecado original de los filósofos"; 3. "Estimaciones de las verdades sin apariencia"; 16. "La apariencia y la cosa en sí"; 18. "Cuestiones fundamentales de la metafísica", de su libro del primer período *Humano demasiado humano* (Nietzsche, 2007). A este respecto, también es muy importante *Sobre verdad y mentira en sentido extra-moral* y la sección primera de *Más allá del bien y del mal* titulada "De los prejuicios de los filósofos", así como la sección 1, "La razón en la filosofía" y la famosa "Historia de un error" de *Crepúsculo de los ídolos*.

en algún momento les dio sentido a las nociones de bueno, malo, santo, justo o de sus contrarios, ya no está. Entenderíamos de manera muy reducida la muerte de Dios si lo reducimos a la muerte de una entidad supra natural de una religión, en este caso la del judeo-cristianismo; para Nietzsche, Dios es una gramática dadora de sentido que ha creado una cultura dentro de la cual se ha desarrollado el Estado moderno, ese "nuevo ídolo" que es "el más frío de todos los monstruos fríos" y que funciona como garante y carcelero de la vida de unos sujetos en su interior, sujetos que tienen una noción de lo bueno, de lo malo, lo justo, lo pío, etc., derivadas de aquellas nociones metafísicas del judeocristianismo y aseguradas por el Estado (Nietzsche, Asi habló Zaratustra, 1998)[3]. Por tanto, la muerte de Dios también mienta un efecto, la muerte del Estado. Ese mismo gigante que había nacido y caído en nuestro capítulo dos.

Pero ¿en qué difiere la muerte de Dios y del Estado que acabamos de explicar de la muerte del Estado que comentamos en el capítulo anterior? Diremos que, aunque ambas son comprensiones de la muerte del Estado, con el recurso a Nietzsche se establece una diferencia clave respecto a la caída del gigante expresada anteriormente: el tiempo. Y es que los anteriores movimientos sociales estaban insertos dentro de un Estado naciente y muriente, pero que tenía una visión lineal del tiem-

3. Dado que están completamente integrados los ataques de Nietzsche a la metafísica judeocristiana y a sus manifestaciones culturales y políticas, los pasajes de su obra relacionados a estos tópicos son variados. Sin embargo, resultan relevantes todos los capítulos de la primera parte del *Así habló Zaratustra*, así como "De los virtuosos", "De la chusma", "De las tarántulas" y "Del país de la cultura", en la segunda parte. Respecto de la tercera parte, diremos que es más bien la propuesta de Nietzsche sobre el eterno retorno y las nuevas culturas. Sin embargo, allí se encuentra el capítulo titulado "Del espíritu de la pesadez", y dentro del carnaval de personajes con los que está resumido el libro en la cuarta sección destacan los capítulos titulados "La sanguijuela", "El jubilado" y "El más feo de los hombres". De igual manera, resultarán relevantes para el lector interesado en este tema los aforismos 202, 208 y 209 y toda la sección llamada "Pueblos y patrias" de la sección octava de *Más allá del bien y del mal*.

po, un progreso, una marcha hacia adelante en la que se insertarían las victorias de los movimientos sociales, bien fuera el triunfo de los movimientos obreros, bien el triunfo de alguno de los sectores que proclamó denuncias y que llevó, por vía de las manifestaciones sociales, a la instauración de una victoria cultural, social, y jurídica.

Pero esto no ocurre con la muerte de Dios que incluye la muerte del Estado en Nietzsche. La muerte de la gramática, de la metafísica y del sentido esencial de las cosas abarca también la muerte del tiempo entendido como un relato lineal; muere el relato del progreso, extendido en un tiempo lineal, y queda el "ahora". Esto es significativo si tenemos presente que, tanto en el estructuralismo marxista, como en la escalera de la receptividad del progreso de la acción colectiva en el funcionalismo de Donatella della Porta, la noción de tiempo resultaba absolutamente importante en la medida en que el progreso llegaba gracias a las acciones de los movimientos sociales que traían mejoras en el futuro, esto es, en un tiempo que anda hacia adelante.

Pasarán un par de décadas para que el mensaje nietzscheano encuentre sus ecos. Creo que son estos momentos en los que empiezan las variaciones teóricas y culturales de los movimientos sociales que se refieren más a la subjetividad, al cuerpo como espacios para habitar cuando se ve caer el gigante del meta-relato estatal y, con él, su opuesto, el meta-relato de lo contraestatal[4]. Al fin y al cabo, quien no cree en Dios tampoco cree en el diablo.

4. Véase en el aparatado *Quien no cree en Dios, que no crea en el diablo* (Infra) En el que desarrollamos una idea según la cual, parte de esta crisis de lo moderno está en la muerte de la idea del estado como garante de un contrato entre protección y obediencia, pero al mismo tiempo, rastreamos como empírica, histórica y conceptualmente, es posible sostener que la lucha revolucionaria antiestatal también entra en crisis.

Hagamos una pequeña aclaración antes de entrar a ver la influencia de Nietzsche en los pensadores postestructuralistas que dan piso teórico a los nuevos movimientos sociales.

¿Por qué que quien no cree en Dios tampoco cree en el diablo? Según lo expresamos anteriormente, derivado de la metafísica y de la moral cristiana Nietzsche entiende que el Estado es el encargado de regir, como carcelero, la vida de los individuos ahí contenidos. Entonces, ¿por qué rebelarse ante el Estado es hacer parte de la misma metafísica? Nietzsche nunca nos lo expone de manera explícita (nada en él es explícito), pero tenemos buenas razones para creer que quien no cree en Dios tampoco cree en el diablo, esto es, que quien no cree en las verdades estatales tampoco creerá en las verdades contraestatales.

La primera razón es que mantener las dicotomías binarias Dios/diablo, lo bueno/lo malo, macho/hembra, Estado/contra Estado, etc. es hacer parte todavía de la metafísica de la sustancia. La segunda razón la encontramos en las famosas tres transformaciones del Zaratustra: el famoso pasaje mienta la idea de un camello como un animal feo y obediente que representa no solamente al cristiano y su moral, sino la vida de los individuos que aceptan la metafísica de la sustancia; pero este animal se transforma en un león, uno que se rebela ante dicha metafísica, pero que, en su rebelarse, adquiere identidad como rebelde de aquello ante lo cual se rebela. Así, quien señala lo injusto del Estado cree en aquella noción de "justo" de la metafísica cristiana que dio origen al mismo Estado. De algún modo, supone que la rebeldía no solamente es la aceptación de aquella moral del judeocristianismo, sino también el cambio de amo, pero con la misma actuación sumisa y obediente. Por ello la muerte de Dios significa la muerte del Estado, tanto como la muerte del relato de la lucha contra el Estado y de las revoluciones armadas[5].

5. Aunque Nietzsche nunca habló de Marx, sí pensó el comunismo. En resumen, su comprensión del fenómeno es que el comunismo es un hijo radical de la metafísica y de la moral cristiana, que defiende sus valores del mundo,

Por todo lo anterior, este recorrido nos resulta del todo importante sobre todo si se tienen en cuenta los siguientes argumentos: 1) La idea de la muerte de Dios y todo lo que representa supone el escenario cultural bajo el cual se darán los cambios en los movimientos sociales. Insistiremos en demostrar en los siguientes apartados que los intentos violentos de movilización social coexistirán con el nacimiento de un nuevo tipo de movimiento social, pero, tal y como veremos, estos intentos violentos de trasformación acaparan más los titulares de prensa que los resultados políticos, abandonando ahí la posibilidad de transformación política y postergándolos para los intentos de transformación cultural. 2) Esta muerte de lo estatal, que también supone la muerte de los movimientos armados contraestatales, abrirá un vacío para las transformaciones y los movimientos sociales que tendrán al cuerpo como territorio. 3) De este recorrido por la obra de Nietzsche también se desprenden dos hilos que serán importantes en lo que viene: por un lado, el asunto del tiempo, y es que los nuevos movimientos sociales no tendrán por propósito una linealidad progresiva del tiempo; y, por otro lado, estarán concentrados ya no en aquellos meta-relatos como el Estado, sino que se ocuparán de los asuntos del poder representados en la vida cotidiana y su injerencia en el deseo y en el cuerpo. No en vano los autores que revisaremos en la tercera y última fase de los movimientos sociales están interesados en marcar la relación entre capitalismo global y las subjetividades que se construyen en los cuerpos.

Hemos llegado a la parte final de nuestro análisis sobre las transformaciones de los movimientos sociales. Al igual que en los capítulos anteriores, después de ver el trasfondo conceptual que da pie al surgimiento y consolidación del movimiento social que vamos a estudiar, haremos un esbozo contextual de aquello que ocurre en el momento en que surgen tales movimientos sociales. Esto con el propósito de señalar rasgos específicos que, dentro de esa generalidad, competen al movimiento social.

tiene una visión teleológica del tiempo y busca el paraíso acá en la tierra. El libro de Walter Benjamin (2007) sobre la historia nos confirmará esta deuda.

Y es que para poder entender este último tramo de la transformación es necesario hacer dos paradas porque, aunque muy corta en términos temporales, esta variación resulta muy profunda en términos cualitativos. Adicionalmente, se debe pensar que lo que conceptualmente se denominó Nuevos Movimientos Sociales en los años setenta y ochenta ha tenido cambios significativos tras la evolución de las redes sociales y los sucesos acontecidos en las primeras dos décadas del siglo XXI.

Entonces, el tramo final de nuestro análisis debe partirse en dos porque entre la década de los setenta y ochenta, y herederas de algunas nociones y de las consecuencias teóricas y culturales de lo expresado por Nietzsche, aparecerán otras formas de hacer análisis de los movimientos sociales, completamente diferentes al estructuralismo marxista y también distintas al funcionalismo americano. Pero, al mismo tiempo, los sucesos históricos y las variaciones del capitalismo y la tecnología supondrán una diversificación dentro de este análisis postestructuralista, y es esta última fase la que, ya en el nuevo siglo y con las nuevas tecnologías de la comunicación, nos ofrecerá una transformación de grado respecto al posestructuralismo que proponían las escuelas francesas en los setenta y ochenta del siglo pasado.

Dicho brevemente: entre los años setenta y ochenta hay un cambio cualitativo en el análisis de los movimientos sociales, y derivado de esto hay un cambio de grado en el análisis de los nuevos movimientos sociales del siglo XXI. El objetivo de esta parte del ensayo es rastrear este doble movimiento.

2. DE LA LUNA A LA TIERRA: UNA MIRADA AL PLANETA AZUL

Cuando Neil Armstrong expresó su famosa frase: "Este es un pequeño paso para el hombre, pero un gran salto para la humanidad" y por primera vez el ser humano contempló la Tierra desde la Luna, un cambio cualitativo semejante se cocinaba: el cambio de paradigma cultural.

Mientras esta famosa frase se replicaba por la radio y la televisión, esta misma televisión mostraba al presidente estadounidense Richard Nixon diciendo que la invasión en Camboya y la guerra en Vietnam eran una limitada "incursión de la democracia"; con esto, los ciudadanos norteamericanos salían con indignación a protestar de manera pacífica y todo terminó con cuatro muertos que dejaban la represión brutal de la policía en la Universidad de Ohio.

En aquellos años, América Latina se encontraba rodeada de dictaduras, algunas de ellas católicas, que vieron crecer en su interior las luchas armadas revolucionarias que tomaban fuerza de la inspiración en, o con el apoyo del comunismo soviético, mientras que, en noviembre de 1978 en la selva de la Guyana, 914 personas de la secta del "Templo del pueblo" realizaban el suicidio colectivo más grande del que se tenga noticia, cosa considerada por su líder como un "acto revolucionario" (BBC, BBC MUNDO, 2022).

En Colombia, al mismo tiempo que María Eugenia Rojas, también conocida como "La capitana", era la primera mujer en ser candidata presidencial, se descubría para Occidente la ciudad perdida del Tayrona, dando otro paso para que ese país blanco y heterosexual fuera sentando las bases de un futuro país de pretensión plurinacional y pluriétnica en una Constitución que llegaría años después.

En Europa, la Guerra Fría mantenía a Alemania dividida en dos: Chernóbil asustaba y dejaba en vilo a la humanidad; un papá polaco y católico asumía el poder de la Iglesia católica en Europa. Los conflictos de la Guerra Fría en Sudáfrica también se hicieron sentir: dejó un conflicto de guerrillas, racial y étnico, a lo largo y ancho del continente, y una gran hambruna en Etiopía con más de 5 millones y medio de personas que murieron a causa de la guerra o del hambre. Ambas hijas del horror (Hobsbawm, 2007)

En Asia, por su parte, la China comunista enterraba a su líder y tras algunas guerras raciales Japón implantaba el primero de 15 planes quinquenales que tenían por propósito incrementar el PIB de su nación con el fin de que beneficios fiscales y subsidios a sectores automovilísticos y metalúrgicos pudieran financiar la creación de los semiconductores; todo lo cual le permitiría a Japón levantarse de la ruina y empezar a ubicarse en la vanguardia internacional (Hobsbawm, 2007)

En esta mirada, desde la Luna a la Tierra, nos hace falta narrar un punto del planeta azul: el medio oriente. Y es que, si los años sesenta le habían permitido al trabajador promedio de los Estados Unidos llenar su casa de electrodomésticos y pasear a su familia en grandes autos, los años setenta supondrían un gran freno en esta economía. En el Medio Oriente se fraguaba un cambio importante para la economía mundial y, con ello, un cambio importante para los movimientos sociales. Porque, recordemos, los movimientos sociales están íntimamente ligados a la economía que les rodea. Entre Estados Unidos y Europa se consumía casi el 70 % del petróleo mundial, Japón consumía casi el 10 %. Pero, tras la guerra del Yom Kipur, los estados monárquicos del Medio Oriente toman el control del precio del petróleo y con estos se generan cambios drásticos en la economía global, lo cual tiene efectos para los programas sociales del Estado de bienestar y, por ende, termina impactando en los movimientos sociales.

Entonces, voltear desde la Luna y mirar a la Tierra era ver el punto azul y brillante como un mundo que se está transformando a razón de múltiples cosas, entre las que destacan: la transformación de la economía basada en petróleo, las disputas entre los meta-relatos de la transformación estatal y contraestatal, el surgimiento de nuevas identidades y colectividades y la consolidación del movimiento feminista.

Primero, la variación en la economía por el empoderamiento del petróleo desde el Medio Oriente es significativa no solo en términos cuantitativos, sino también y sobre todo en términos cualitativos. Y es que el éxito del capitalismo ha sido la producción elevada con un bajo costo. Ya habíamos visto cómo este problema del salario era parte central en el mundo del movimiento obrero de los siglos XVIII y XIX, y cómo este asunto del consumo del obrero se alivió en gran parte por el Estado de bienestar en el siglo XX que, redistribuyendo las ganancias, favorecía el cambio de la ecuación de la eficacia del capitalismo: más producción y menos costos. Es así como el Estado de bienestar había cogido las victorias del movimiento obrero a favor de políticas sindicales que pedían, en principio (esto es, siglos XVIII y XIX) las mejoras de sus condiciones y la participación en el reparto de aquellas ganancias producto del éxito del capitalismo.

De hecho, parte del éxito del capitalismo norteamericano de la primera mitad del siglo XX estaba justamente en que desde las fábricas no solamente se aumentaba la producción a bajo costo, sino que el trabajador de esa producción era partícipe del consumo. Pero con una economía que depende ya no de la producción industrial, sino de los precios del petróleo en el Medio Oriente, el Estado de bienestar quedará afectado, al igual que el movimiento obrero que pedía la redistribución de aquel bienestar y ganancias.

Segundo. La muerte del meta relato contraestatal se evidencia de varias formas. Por un lado, vemos que el auge de los movimientos armados, que todavía se enfrentaban desde un meta-relato ideológico en la guerra de guerrillas contra otro meta-relato, la construcción del pacto soberano, también empezará a tener una variación sustancial. Bien es verdad que los meta-relatos de la confrontación ideológica entre el Estado y grupos guerrilleros en su interior pululan por buena parte del globo durante el siglo XX, pero también es verdad que las cosas no nacen ni mueren de un día para otro: de la misma manera que el Renacimiento no abandona y deja la Edad Media con un único suceso en una fecha única, sino que más bien existen distintos Renacimientos, así mismo, el mundo que va dejando los meta-relatos para empezar a darle campo a relatos subjetivos se va cocinando lentamente mientras que las protestas pacíficas contra las guerras se toman los parques y las avenidas de ciudades importantes en todo el mundo.

Ahora bien, esta idea de la muerte lenta de los meta-relatos tiene evidencias empíricas. En el siglo XX fueron más eficientes y trasformadores los movimientos no violentos que los violentos (Chenowhet, E. Sthepan

M., 2005). Esto se ve con claridad en el ambicioso proyecto de la Universidad de Michigan *Confict Data Program*. El complejo e interactivo mapa permite ver indicadores según 3 tipos de violencia: la de los Estados que gobiernan bajo regímenes de violencia, la contraestatal, y la unidireccional, es decir, la que realiza de manera unilateral un grupo armado. Así, cada uno de los países del mundo a través de un mapa interactivo muy sofisticado muestra que, para asombro de muchos, las pretensiones de trasformación social por vía de la violencia no necesariamente significan ni victoria, ni tampoco transformación social. De tal manera que, de los más de 170 conflictos rastreados por la Comisión Interamericana de Derechos Humanos, menos del 15 % tienen por vencedores a grupos rebeldes insurrectos, y son más los resultados que quedan indecisos (18 %) y aún más los que se solucionan por acuerdos y diálogos y por la victoria lograda con alianzas estratégicas (Michigan, 2022).

El análisis empírico de todo un siglo de conflictos que realizaron las politólogas americanas Erica Chenowet y Maria Stephan nos revela otras cifras, cuando sostienen que

> Nuestros resultados muestran que 53 % de las grandes campañas no violentas han tenido éxito, frente a 26 % de las campañas de resistencia violenta. Dicho éxito tiene dos razones. En primer lugar, el compromiso de una campaña con métodos no violentos refuerza su legitimidad nacional e internacional y promueve una participación más amplia en la resistencia, lo que se traduce en una mayor presión sobre el objetivo (Chenowhet, E. Sthepan M., 2005).

Y continúa argumentando algo relativamente evidente:

> En segundo lugar, a pesar de que los gobiernos pueden justificar fácilmente las respuestas violentas contra insurgentes armados, es más probable que la violencia estatal contra los movimientos no violentos genere reacciones negativas contra el régimen (Chenowhet, E. Sthepan M., 2005).

Ahora bien, analicemos una victoria de los rebeldes: Encontramos una paradoja, pues quien sale del Estado para luchar con el Estado tiene dos opciones, perder la guerra y disolverse, o triunfar y disolverse para volverse Estado (Donato, 2006).

Así que sostenemos esto por tres razones, la primera histórico estadística, la segunda lógica, y la tercera antropológica. Veamos. Primera. Las cifras de victoria de las lucha contra estatales son significativamente bajas. Si nos apoyamos en las cifras de los conflictos de los últimos cien años analizadas por las politólogas americanas -tan rigurosamente extraídas de realidades complejas- entendemos que ese 15 % de victorias es muy bajo; segundo, el asunto paradojal: Salir del Estado para disolverse y en el mejor de los casos volverse Estado. Vamos a analizar el tercero, el antropológico, acá nos arriesgamos a proponer un argumento adicional, que yo llamaría "Humano, demasiado humano".

Nuestra idea parte de un hecho filosófico conocido: el hombre es un animal político por naturaleza. Recordemos un elemento relevante de nuestro primer capítulo, el argumento aristotélico-arendtiano según el cual la política deja de ser un elemento humano cuando entran en ella los instrumentos, como las armas, pues ahí no existe el poder, sino el poderío. Por tanto, la victoria que busca la transformación social no solo es escasa en cifras de las realidades empíricas, sino que trae consigo una gran paradoja estatal de abandonar el espacio político, publico y estatal, para enfrentar con armas dicho establecimiento y en caso de victoria volverse aquello que se combatió, es decir, un Estado. Y no es sola esta escasees que muestran las cifras victoriosas a cambio de semejante paradoja este proceso viene acompañada de historias de deshumanización y una consolidación por vía del terror. A razón de todo lo anterior, queremos enfocarnos en esos movimientos sociales no violentos que pretenden la trasformación estatal desde la trasformación cultural, porque creemos que, muerto el Dios del Estado, también está muerto el diablo de la revolución armada.

3. MATRIX, BON JOVI Y BETTY LA FEA: LA GLOBALIZACIÓN EN LOS NUEVOS MOVIMIENTOS SOCIALES

Caían los ladrillos del muro de Berlín y con esto otro mundo se levantaba. En la misma década en que se da la salida de la cárcel de Nelson

Mandela y el auge de nuevos populismos liberales en América latina (Fujimori en el Perú, De la Rúa en Argentina) mostrando cómo el liberalismo capitalizó –con una cara populista– el descontento político y social que el nuevo mundo globalizado traía consigo.

Mientras tanto el papá Juan Pablo II visitaba a la comunista isla de Cuba, y el Ejército estadounidense incluía a homosexuales en sus filas. Todo mientras el 23 de febrero eran atacadas las Torres Gemelas en Nueva York en un hecho que hasta ese momento carecía de antecedentes. Todo esto ocurría en la misma década en la que 1000 investigadores de 16 instituciones distintas y 6 países establecían en el mapa de los 100.000 genes del *Homo sapiens*, lo cual suponía expectativa y miedo a propósito del uso de este nuevo conocimiento que trae la tecnología; menos miedo, más uso y muchos millones traía la ayuda técnica que el viagra le prestaba a la pasión, y que ahora se podría comprar en monedas unificadas en Europa, pues en el "viejo continente" se acuñaba el euro.

A su vez, mientras en esta década el mundo lloraba la muerte de Freddy Mercury y de Ayrton Senna, aparecían futuras viejas películas como *Pulp fiction* o *El silencio de los inocentes*, y DiCaprio se sentía el rey del mundo en el *Titanic*. Por esas épocas los que en ese entonces eran los hermanos Wachowski (hoy son las hermanas Wachowski) planteaban dilemas éticos y tecnológicos en la primera película de *Matrix*.

Esta década que conoció la reproducción de música individual a partir de un objeto absolutamente revolucionario como el *walkman* terminaba en el año 2000 con un nuevo álbum de Jon Bon Jovi llamado *Crush*, y en el video de su sencillo *It's my life* podemos ver a un joven que entra a su habitación y frente a su propia computadora tiene una conversación telefónica con su novia, quien le dice que está en el concierto de Bon Jovi, cosa que él puede ver por una conexión de cable de fibra óptica a través de la computadora que tiene en su habitación. Sí, ¡conectado a un computador en su propia habitación!

Estos elementos representan una transformación del capitalismo que ahora produce bienes de consumo individuales, pues ya no se trata de un televisor, un radio, o un teléfono, en la sala de una casa para ser compartidos por todos los integrantes de la familia. El hipercapitalismo que empieza en los años noventa es productor de bienes de consumo individuales: teléfonos individuales, computadores individuales y portátiles, reproductores de música individuales y portátiles. Si mencionamos esto es porque queremos realizar un breve contexto –no exhaustivo– y que, sin embargo, pueda marcar varias cosas que serán importantes para entender nuestros nuevos movimientos sociales: la transformación de las Wachowski como un problema de subjetividad y de disputa de la identidad en el cuerpo, la aparición de las nuevas tecnologías que permiten comunicaciones de velocidades nunca antes vistas, pero además individualizadas y portátiles; aún más, comunicaciones que facilitan tanto el consumo como el goce individual. De igual manera, su producción supone una transformación del mundo laboral y por ende son centrales para entender la última fase de los movimientos sociales.

En esa misma década en Colombia la Asamblea Nacional Constituyente intentaba abrir nuevos pasos a un país que enterraba al último de los exterminados en el genocidio de la Unión Patriótica, Manuel Cepeda. Épocas en las que la Ley 50 reformaba las condiciones laborales, mientras que la imagen de Colombia se globalizaba de dos modos: por un lado, con las bombas que explotaban en una guerra entre guerrillas, paramilitares, Estado y narcotraficantes; por otro lado, se globalizaba porque con la aparición de los canales privados los colombianos se reían con una novela que no ofrecía los típicos dramas y lágrimas de las telenovelas, sino que reía todas las noches por la "jocosa" autoexplotación y el abuso laboral que sufría *Betty la fea* que, más que fea, era el estereotipo de nerd, que integraba un "cuartel de feas" que, más que feas, era el grupo de mujeres guapas, talentosas, chismosas y pobres.

Y es que en un mundo donde la economía individual del consumo y del goce cobran importancia, parece más sencillo equiparar lo feo estéticamente con lo monetariamente pobre. Luego, termina consolidando lo que Cortina llama "aporofobia". Ahora bien, si mencionamos esto es porque con ello encontramos otro elemento significativo para nuestro tema: los nuevos movimientos sociales están relacionados también con la globalización y el goce del consumo.

Hemos marcado en este breve contexto elementos suficientes para tener en cuenta en lo que sigue: la relación entre la globalización y el goce, las subjetividades y el cuerpo, las transformaciones de la comunicación y con ello las transformaciones laborales, los dilemas éticos y la necesidad de entender los nuevos procesos tecnológicos, la globalización de iconos de la cultura pop. Reiteramos el problema de la globalización en términos de unidades estatales y, además, hemos señalado una variación significativa en el capitalismo y sus procesos de producción y acumulación que será necesario revisar con algo más de detenimiento.

4. DE LA FORD A LA TOYOTA. EL CAPITALISMO SE TRANSFORMA... NUEVAMENTE

En este proceso de globalización el capitalismo nuevamente se transformó. Y tal como vimos, los movimientos sociales están relacionados con las transformaciones de los movimientos económicos y políticos. Habíamos señalado que el capitalismo cambió cuando se pasó del modo industrial que denunció Marx al modo fordista que les permitía a los obreros la posibilidad de comprar y de consumir aquello que fabricaron. Habíamos dicho también que el Estado de bienestar había sido clave en la contienda ideológica de la Guerra Fría porque podía cubrir algunos elementos que eran objeto de la redistribución por parte de los movimientos sociales, pero que este Estado de bienestar se ve alterado por la crisis del petróleo en los años 70. Es hora de ver las transformaciones de este nuevo capitalismo.

Tres grandes formas de ver el cambio económico se nos aparecen en el horizonte: la primera de ellas es la del economista y socialista francés Thomas Piketty; la segunda, la que ofrece Nick Srnicek, economista neomarxista del Departamento de Humanidades Digitales del Kings College; y, por último, la de la anarquista Mckenzie Wark.

La comprensión que del problema económico político tiene el profesor de la Escuela de Economía de París se puede sintetizar en los siguientes puntos: en esencia, el capitalismo sigue siendo el mismo respecto a su ley básica de producción y acumulación, lo cual supone que la tasa de crecimiento que estimula la concentración puede agravar la inequidad. Lo que queda, entonces, son políticas fiscales multiestatales que alcancen de manera global a los más favorecidos del sistema, en beneficio de los muchos empobrecidos. Es decir, la renta básica universal (Piketty, 2015). De algún modo, para Piketty se trata del viejo problema con nuevas ropas.

En el otro extremo se encuentra la economista anarquista australiana Mckenzie War. Ella sostiene que el capitalismo, ese viejo modelo explotador de recursos naturales ha muerto en manos de un poder más abstracto y técnico, esto es, una clase global que posee vectores de información a los cuales llama vectorialistas, una nueva clase global dominante que se sobrepuso a los capitalistas (Wark, 2021).

En el medio de estas dos posturas se encuentra Nick Srnicek. Su tesis nos atrae, no porque sea un medio entre los dos polos antes tratados, sino porque fija su atención en una cosa central del capitalismo: los medios de producción. ¿Que produce la economía que pende de los vectores de datos?

Tengamos presente que, en nuestro capítulo anterior, habíamos mencionado que era el acceso a la tierra lo que suponía la subsistencia en el mundo medieval, y cuando el medio de producción cambia aparece la migración masiva, y con ella, los mercados, los burgueses, sus fábricas y sus trabajadores. Aquella masa de trabajadores, explicamos antes, encuentra identidad en la fábrica y con ello aparece el primer actor de nuestros movimientos sociales, el obrero.

Recordemos, además, que, siguiendo al mismo Marx, entendíamos la fuerza del trabajo como aquella capacidad física y mental que ponen las personas para producir valor (Marx, 2004) y lo diferenciamos de la materia prima. Demos un ejemplo: gracias a su astucia y saber, con algo de habilidades y equilibrio físico, es decir, gracias a su fuerza de trabajo, el pescador saca el pez del agua, y obtiene eso, materia prima. El carpintero no compra un árbol, sino una madera que ha sido extraída del bosque gracias a la fuerza de trabajo de los taladores. A eso que ellos extraen del bosque el carpintero lo llama materia prima, pero ¿Cómo llegó a esto?, ¿qué es aquello que desprende, acumula y explota el capitalismo de los datos?

Respondamos la primera de las preguntas. Entender cómo se llegó a esto implica analizar el cambio en el modo de producción. Habíamos llamado producción fordista a ese proceso ordenado y centrado en un específico lugar de las fábricas americanas que producían en masa cosas que compraban los propios fabricantes, es decir, los obreros. Esto suponía un tipo de producción abundante que cambiaría significativamente con la crisis petrolera. También habíamos comentado cómo la salida de la crisis económica de los años 70 en el Japón había estado enfocada en la producción de *software*. Pues bien, el capitalismo se empieza a transformar en la medida en que pasa del modelo de Ford al modelo de Toyota.

Los japoneses empezaron un proceso de producción mucho más austero. Un bajo stock tenía otra cualidad. Por ejemplo, los insumos estaban distribuidos por varias partes, no se producía todo el carro en una misma fábrica, sino que se ensamblaba según las partes creadas en otros lugares, lo que permitía una tercerización de la fuerza laboral: trabajo más flexible, mayor presión desde las gerencias, menos salarios, menos identidades obreras. Una cosa adicional: para poder controlar las distintas partes, ensamblar y mantener bajo el stock evitando una sobreproducción en tiempos de crisis, el modelo de Toyota tenía un *software* que jugaba un papel importante, pues allí se podían almacenar datos que dieran precisión a la relación entre demanda y producción. Como se puede notar, la fuerza y las identidades laborales se diluyen en medio de la globalización.

De tal manera que el capitalismo no se acabó. No es, en mi opinión, "un sistema de producción nuevo", como parece sugerir Mckenzie War. Más bien, "acontecimientos que parecen ser novedades radicales pueden, a la luz de la historia, revelarse como simples continuidades" (Srnicek, 2018, pág. 6); y es que, ante el desplome de la economía por la crisis global de los años 70, la reorganización del proceso debía no solamente llevar a la austeridad en términos salariales y en ventajas sindicales, sino también moverse a otras fuentes porque

> [En] el capitalismo, cuando una crisis golpea, tiende a ser reestructurado. Nuevas tecnologías, nuevas formas organizacionales, nuevos modelos de explotación, nuevos tipos de trabajo y nuevos mercados emergen para crear una nueva manera de acumular capital (Srnicek, 2018, pág. 15).

Podemos ahora responder la otra pregunta, ¿qué es aquello que desprende, acumula y explota el capitalismo de los datos? Y vemos que lo que empieza a ocurrir en estas décadas es que el trabajo implica una producción inmaterial: Contenido cultural, conocimientos, afectos, servicios, etc., que empiezan a ser el objeto de la extracción, ahora vestidos en forma de datos, y estos datos necesitan ser grabados en algún nuevo tipo de almacenamiento. Esto explicará el auge de las compañías llamadas ".com" después de la crisis del petróleo.

Mientras que la producción material de manufactura se encuentra en decrecimiento, la posibilidad de almacenar datos y rastrearlos para ubicar mercancías y para ofrecer servicios se vuelve la clave para el posterior negocio de las plataformas, es decir, "infraestructuras digitales que permiten que dos o más grupos interactúen" (Srnicek, 2018, pág. 45), lo cual explicará que entre 1996 y 2000 más de 50.000 empresas inviertan más de 250 millones de dólares, y que las acciones de dichas empresas de plataformas tuvieran crecimientos superiores al 300 %; esto también se refleja en la cantidad de computadores fabricados y vendidos. Se calcula que en los años ochenta la cifra era de 50 millones de dólares en ventas de computadores, pero en los años noventa fueron más de 154.600 millones y en el año 2000, 412.800.000 millones de dólares en ventas de computadores (Castells, 2018) En el año 2021, y antes de la pandemia, se vendieron más de 341 millones de computadores, alcanzando una cifra mayor a doscientos cincuenta mil millones de dólares, según una afamada empresa de métricas digitales (Digital Matrics, 2022)

No se trataba solamente de un artículo novedoso. Este aparato podía almacenar la información de un producto, como lo hacía el stock de cualquier fábrica, pero además podría rastrear y seguir aprendiendo de la información del producto una vez que salía de la su casa matriz, y esto era una ventaja significativa que no tienen las antiguas maneras producción de carros, electrodomésticos o zapatos al viejo estilo.

Esta dependencia de las comunicaciones digitales que extraen datos llega a un auge nunca visto en el momento en que estalla la crisis financiera e hipotecaria del 2008. Pero ahora estas transformaciones laborales y económicas le darán pie al nuevo tipo de activismo que vamos a analizar.

5. UN PLANETA AZUL ENROLLADO EN FIBRA ÓPTICA

Unas páginas más arriba comentábamos que cuando Neil Armstrong se dio la vuelta y observó por primera vez la Tierra desde la Luna, veía un mundo que se transformaba y los movimientos sociales se transformaban con el mundo: aquel punto azul empezó a sentir las revoluciones silenciosas que versaban sobre el cuerpo y la subjetividad. Hijas de estas variaciones, los nuevos movimientos sociales deben ser entendidos también en un contexto comunicacional. No es este el lugar para contar cómo brillantes jóvenes norteamericanos jaqueaba las llamadas a larga distancia, pero con esto en 1979 empezaba un nuevo tipo de activismo del cual estamos próximos a hablar y del que, sin embargo, necesitamos resaltar algunos elementos relevantes.

Venidos de esos movimientos contraculturales nacidos de las revoluciones silenciosas de los setenta, se habían calentado lentamente pequeñas comunidades que buscaban la libertad personal y el empoderamiento de algunos valores antiglobalización y anticapitalistas, que se unirán después a plataformas tecnológicas de la información.

Con la invención de la WWW en 1989, Tim Berners empieza una nueva relación entre el activismo y la comunicación, pues informa que ha escrito un documento a partir de hipertexto utilizando internet. A esto se sumará que en 1992 ocurrió un hecho singular: se abrió la red a usos comerciales de la privatización en internet porque el presidente Bill Clinton anunció la infraestructura nacional de información, que es un preámbulo al acceso universal a la información; esto le abrirá paso a la postura que la ONU presentará: el acceso universal equitativo y asequible a la infraestructura y a los servicios de las TIC. Esto ocurría en el primer gran debate internacional que se produjo en el 2004, en el marco de la *Primera Cumbre Mundial de la Sociedad de la Información* convocada por esta institución, en la que participaron 180 estados y 650 corporaciones del sector de las TIC.

Unos años más tarde, la tecnología hizo posible que en los Estados Unidos las ciudades pudieran tener un gigabyte por segundo, esto gracias al cable de fibra óptica, con lo cual los estadounidenses primero, y el mundo después, pueden descargar una película en solo 16 segundos, y no en hora y trece minutos como se tardaba antes. Es momento entonces para que ese punto azul que es la Tierra esté ahora rodeado de fibra óptica, y pueda comunicarse a la velocidad de la luz las 24 horas del día los 7 días de la semana.

Será una cuestión de tiempo antes de que los inventos, los accidentes y los intereses económicos empiecen a dar forma a las plataformas hacia las cuales se trasladará buena parte de la vida social: los chismes, los comentarios, las fotos, pero también las opiniones de lo que sucede, e incluso lo que sucede cuando es censurado en las cadenas de televisión y se ignora en otros medios. Así, estas plataformas de las redes sociales empezarán a hospedar las trasformaciones de los nuevos movimientos sociales, que ahora están digitalizándose. Primero en la blogosfera en el año 2003, y luego bajo las plataformas más grandes que están por nacer, Google, YouTube, MySpace, Facebook, y Twitter. Las redes sociales serán hospedantes de los nuevos movimientos sociales, y éstos a su vez hijos de aquellas revoluciones silenciosas.

Para ver cómo estas transformaciones silenciosas se comunican entre sí hay que tener presentes también algunos datos de esta conectividad: en 1996 internet era utilizada por 40 millones de personas en todo el mundo; para 2010, ya eran 160 millones de personas. Cuando llegó el COVID y paralizó buena parte de la actividad social *offline,* tanto como la actividad financiera, los usuarios de internet incrementaron un 30 % en el planeta. Hoy por hoy, tanto los informes de la ONU como del Banco Mundial hablan de un 37 % de los habitantes del planeta Tierra que no tiene acceso a internet. Claro está, esta puede ser una cifra alta para los supuestos de democratización y consumo global, pero ver la cifra al contrario, es decir, pensar que casi un 60 % de la población está conectada puede cobrar otro valor, si se piensa que 5.300 millones de personas sí están conectadas a internet y que la mayoría de los habitantes de este planeta azul enrollado en fibra óptica tienen la posibilidad técnica de conectarse a internet, según informan distintas fuentes como el Banco Mundial y la ONU en su informe de conectividad (Banco Mundial, 2022) (The United Nations Secretary, 2022).

Al respecto, el informe de la ONU es bastante detallado, y su hoja de ruta para la conectividad en el año 2030 podría dejar a un 80 % de la población mundial conectada

Sin embargo, los datos acá rastreados suscitan algunos interrogantes, porque mientras que las Naciones Unidas nos indica que 6 de cada 10 seres humanos tiene acceso a internet, la UNICEF nos dice que 3 de cada 10 habitantes del planeta azul carecen de agua (UNICEF, 2019). Es decir, ¿muchos seres humanos tienen internet, pero no agua? ¡Paradojas de la globalización!

Ahora bien, acá otros elementos resultan importantes. Para citar un caso, es significativa la diferencia en la conexión: ¿se tiene 3 G o 4 G? Asimismo, realmente es valioso establecer cuál es la brecha social y etaria de dicha conectividad, y muy importante, qué tipo de conectividad y uso se le da a esta conectividad; así, por ejemplo, si nos conectamos para denunciar la falta de agua o para aceptar el reto *#hotwatterchallenge* que se hizo viral en el año 2017 y consistía arrojarse a sí mismo una cubeta de agua hirviendo en el rostro.

Ahora que marcamos el contexto y desarrollo de las www.com y de ese planeta azul envuelto en cable de fibra óptica, conectemos esto al problema político del poder. Con esta narración que marca el proceso de transformación del capitalismo y las comunicaciones podemos ver ahora el proceso de transformación de los movimientos sociales en su interior.

CONCLUSIONES SOBRE DIOS, EL DIABLO Y LA FIBRA ÓPTICA

Era muy necesario un capítulo como este para reconstruir los cambios y las variantes que dan pie a los nuevos movimientos sociales digitales. Estos cambios marcados fueron básicamente tres: Primero, las nuevas influencias en los enfoques del análisis de los movimientos sociales, esto es, la influencia de Nietzsche en el cambio cultural. Segundo, el cambio del capitalismo en sus procesos de producción y extracción. Tercero, el cambio que de las dos anteriores se produce en la comunicación.

Del primero dijimos que la compleja frase "Dios ha muerto" menta la muerte de algo que existió y hoy ya no da sentido a las cosas, entre ellas destacan la idea de la existencia de una verdad, de la moral tradicional, del tiempo como corriente del progreso, pero también de la idea de esa estatalidad protectora a cambio de obediencia. Ahora bien, estas trasformaciones se hacen aún más complejas cuando analizamos sus implicancias.

Implica que aquellos valores que antes dieron sentido a la vida deben ser remplazados, y esto supone el piso de una trasformación cultural que muta a nuevos valores; ahora bien, esos nuevos valores no miden el progreso, no creen en el progreso que se muestra en el tiempo como un vector del camino largo de la humanidad. Ante esto, no será el estado el lugar de refugio y guardia, pero tampoco será el ataque al estado, pues como se mostró, el siglo anterior a pesar de estar lleno de guerras de guerrillas no muestra evidencias de un cambio porque estas resultaron ser poco eficientes. Además, insistimos en que están acompañadas de la paradoja de salirse del estado para diluirse en terror o diluirse y volver Estado, es decir, aquello que negaron inicialmente. Todo a costa de la instrumentalización y la deshumanización. Por ende, el siglo veinte dejo tanto a su Dios Mortal, el Estado, como a su antagonista, el diablo guerrillero. Tendrá que buscar otros modos, tiempos y valores para existir y que veremos en el capítulo siguiente en la figura del alter activista.

El segundo elemento acá reconstruido fue la variación del capitalismo, dijimos que paso de producir todo en una fábrica para el consumo del mismo obrero que lo producía, y se volvió un extractor de datos de todas partes. Este cambio que se da del modelo Ford al Modelo Toyota está dado en un contexto no solo de crisis económica por petróleo, sino que además tiene una variación sustancial, las viejas fabricas que producían cosas, las vendían y estas salían de su Stock. El modelo de Toyota basado en algoritmos puede rastrear su producto y seguir aprendiendo de este. Por lo cual puede maximizar su siguiente *stcok*. Entonces el negocio ahora no está en las cosas que crean sino en los datos sobre las cosas creadas.

Con esto llegamos al tercer punto, el cambio de la comunicación. La crisis y transformación económica dio pie también al auge de las compañías www.com, y esto resulta tener un impacto también en las imágenes globales y el consumo. El mundo globalizado permitirá el reconocimiento de iconos pop que moldean su identidad, pero también condescenderá en modos de comunicación más rápidos e individuales por medio de los cuales nuestro actor social encontrará su identidad, su lucha, su goce y su consumo. Es hora de entrar al último actor que este libro quiere mirar, el alter activista.

Capítulo 6

El veto y el alter activismo

1. CERRARON LAS CALLES Y ABRIERON CAMINOS: ¡EL 68!

Es necesario llevar en sí mismo un caos para poner en el mundo una estrella danzante

Nietzsche

Según analizamos antes, el mapa geopolítico indicaba que las guerras de guerrillas contra el Estado estaban en todos los continentes del mundo, pero observamos también las derrotas de dichos intentos de transformación social por medios violentos, así como sus paradojas conceptuales y dilemas antropológicos y políticos. Entonces, si el cambio no es posible o no es deseable por vía de las armas, ¿cómo se mueve y se transforma la sociedad? Acá empezamos a ver que los movimientos sociales tienen otro espacio y modo de disputa: el cuerpo, y desde ahí tendrán su propia trinchera.

El aforismo de Nietzsche que hemos puesto en el epígrafe de este apartado también fue escrito en el famoso teatro El Odeón de París, a unas pocas cuadras del jardín de Luxemburgo y de la Universidad de París I (Sorbona). ¿Cuándo fue esto? Cuando estallaron los movimientos estudiantiles de mayo del 68. Lo ocurrido en París en aquella primavera muestra que, aunque juntos, no estaban revueltos los movimientos estudiantiles con los movimientos obreros.

Tanto el movimiento hippie de los años sesenta, como los movimientos estudiantiles de mayo del 68 en Francia y México son un viraje en el interior de los movimientos sociales pacíficos porque tienen dentro de sí un atentado contra la estructura metafísica de la moral cristiana y su aparataje estatal. Estos cambios se notan, por ejemplo, en las discusiones en torno al uso de la minifalda por parte de las mujeres no son sobre la moda: La corta tela de las minifaldas tiene en su ruedo el largo desafío a la familia como base nuclear del Estado moderno; suponen un duelo al control de la natalidad, a la idea de patrimonio y a la idea de jerarquía en el núcleo familiar. Esto nos señala una cosa: el territorio en disputa de los nuevos movimientos sociales es el cuerpo.

Algo semejante ocurre si analizamos las discusiones moralizantes en torno a la aparición de la expresión de la sexualidad en el Rock and Roll, tanto como el cambio de apariencia en los hombres que, con sus cabellos largos, borran la frontera entre lo binario masculino-femenino de la metafísica occidental. Nuevamente, acá la disputa está en el cuerpo. Otro tanto sucede con el consumo de sustancias psicoactivas. Lo que para unos es el consumo de una sustancia ilegal que puede ser un problema de "salud pública", para sus actores estos es ejercicio soberano del cuerpo por tener otras experiencias vitales y expandir la conciencia más allá de la noción de vida dentro del Estado. Observamos nuevamente que el territorio en disputa es el cuerpo.

De tal manera, los movimientos guerrilleros que enfrentaban a diversas estatalidades a lo largo y ancho del planeta son una secuela tardía dentro de los movimientos estructuralistas, que poco a poco empezaban a enfriarse, mientras que iban apareciendo elementos culturales que atentaban contra esa metafísica sustancial de la moral cristiana, sostenida por el cadáver ya tibio del dios del Estado, y también de su guerrillero diablo.

Y es justamente por esto que, en nuestra reconstrucción de la mirada desde la Luna hacia la Tierra, mencionábamos la transformación económica de un mundo testigo de conflictos entre guerrillas y Estados nacionales y, al mismo tiempo, mencionábamos las candidaturas presidenciales femeninas, los suicidios en masa colectivos como un acto "revolucionario" y la transformación de la mirada sobre el cuerpo y la sexualidad. Mencionamos esto por una razón en la que queremos insistir: entender los nuevos movimientos sociales posteriores al funcionalismo americano y al estructuralismo marxista obliga a entender un movimiento que deja los meta-relatos y las estructuras y se dirige hacia las subjetividades y los cuerpos.

Los enfoques marxistas, decíamos, estaban basados en la lucha entre las partes de la estructura social (los de arriba y los de abajo); pero con el cambio de la función del capitalismo y su mutación de un capitalismo industrial al capitalismo fordista, se cambiará también de modelo de análisis del movimiento social, es hora del funcionalismo norteamericano, basado en la elección racional y el cálculo de la ganancia. El punto acá es que, tras los movimientos culturales de los años sesenta y la comprensión de que el capitalismo no se limita solamente a aquellos productos salidos de las fábricas, sino también a toda una extensión de las experiencias cotidianas, la liberación y la reconquista se concentrará entonces en los espacios de la vida cotidiana, lo que tiene como consecuencia una revolución cultural[1].

Las reivindicaciones de los estudiantes en el 68 se centran no principalmente en los medios de producción, sino en la calidad de vida; los ecologistas hablan de los valores culturales y de consumo, y en general, de la defensa de intereses y valores no necesariamente materiales, por ejemplo, los derechos humanos y civiles, la igualdad racial o de género, la cultura de la paz, el respeto a los animales, incluso el hedonismo. A esto Ronald Inglehart lo llama la "revolución silenciosa" y Félix Guattari lo denominara la "revolución molecular".

1. Algunos sostienen que el primero en hablar de "post-industrial" fue Daniel Bell en su texto *Notes On "Post Industrial Society*, de 1967. Otros insisten en que ya David Riesman lo había hecho en su ensayo *Leisure and Work in Post Industrial Society*" (Riesman, 1958). Y este concepto empieza a tener un desarrollo importante, que será recogido también por Alan Touraine en diversos textos (Touraine A. , 2017). Acá no nos ocuparemos tanto de quién fue el primero en hablar de esto (creemos que fue Riesman); más bien, utilizaremos este concepto para referirnos a la nueva era de los movimientos sociales como aquellos que están vinculados a un capitalismo que no solamente produce cosas en las fábricas, sino que que se inmiscuye en la vida cotidiana y en sus deseos (Ullan de la Rosa, 2016).

2. SILENCIO, LAS NUEVAS REVOLUCIONES

A diferencia de la importantísima revolución de 1789 en la que París cambió buena parte de la estructura social y política del mundo gracias a las ideas de los ilustrados y a los cuchillos de las pescaderas, los ecos de esta transformación de 1968 no cuentan con el estrepitoso destello de cañonazos o griteríos de multitudes violentas[2]. Y es que *La revolución silenciosa* resulta ser un muy acertado título del libro de 1977 del politólogo norteamericano Ronald Inglehart quien, tras recibir el encargo de hacer una revisión mundial a propósito de la transformación de los valores sociales, observó que en veinte y seis naciones se estaba gestando una transformación cultural. No se trata ya de una sociedad industrial que adoptó los valores racionales y seculares, como lo vimos anteriormente. Lo que Inglehart encuentra es que esta nueva etapa del capitalismo y de la industrialización es el nicho de adopción de los valores de la autoexpresión.

Ronald Inglehart desarrollará su famosa y amplia encuesta y encontrará que allí donde la escasez material es predominante son más representativos los movimientos sociales que tienen una estructura más semejante a la teoría de la movilización de los recursos, pero allí donde las necesidades básicas están garantizadas los criterios de movilización son la estética, la ética y lo no material (Inglehart R. , 2015); De hecho, Inglehart observa que los individuos que crecen en lugares relativamente seguros y cubiertos en términos materiales tienen tendencia a la autorrealización personal y a la reivindicación de valores no materiales, y estos valores de movilización postmaterialista que reivindican las subjetividades no han dejado de crecer en todo el mundo. Hoy por hoy, a esta

2. No queremos decir con esto que desconocemos o que olvidamos los muertos que se vivieron en aquellas jornadas. Indicamos que sus efectos fueron a largo plazo y más silenciosos.

escala de valores en disputa entre la distribución y el reconocimiento se le conoce como el índice Inglehart(2015, 2018)[3].

Otro tanto parece ocurrir con el psiquiatra francés, y gran lector de Nietzsche, Félix Guattari. De su texto *La revolución molecular* se deriva que las estructuras de la movilización social no son ya las grandes revoluciones contraestatales, como la francesa de 1789 o la rusa de 1917. Esto es, la revolución no se trata de tumbar al zar o al rey, ni de cambiar el idioma o la religión. La revolución parece irse al caos interior y a la transformación del deseo; y esto se debe a la transformación del capitalismo, pues este ya no es solamente la fabricación de cosas (para muchos o para pocos), sino también trata de la fabricación del deseo. Entonces, esto obliga a la transformación del deseo para combatir al capitalismo. Y es ahí, en los pequeños caos individuales, en donde se anida la revolución (Guattari, 2017). Por eso no es casual que para Inglehart la revolución sea silenciosa y que para Guattari la revolución sea en las pequeñas partes, es decir, en las moléculas. Es que de a poco el conflicto que enfrentan los movimientos sociales dejó de ser un conflicto entre burgueses y proletarios (Marx.), entre Estados y ciudadanos (Funcionalismo), y pasó a ser un enfrentamiento entre el capitalismo financiero global y los cuerpos de los sujetos (Altercativismo).

3. El lector interesado podrá avanzar en este simpático mapa que tiene la lectura a partir del cruce de los ejes cartesianos X -Y: es decir, este no es un mapa geográfico, sino que pone a los países cuyos valores familiares, nacionales y materiales priman en la conformación de grupos. En el otro eje encontramos aquellos países cuyos valores más racionales y seculares se agencian de modo burocrático, pero también cuyos motivos de movilización se encuentran más relacionados con los vínculos no materiales en búsqueda de la autoexpresión y las reivindicaciones simbólicas. Es de anotar que la página nos permite ver las variaciones no solamente en términos axiológicos, sino que, además, permite ver las transformaciones en el tiempo desde aquellos años en los que se realizó el experimento hasta la actualidad. Véase: Inglehart, 2018.

El primero en denominar "nuevos movimientos sociales" a este fenómeno fue Alberto Melucci, quien utiliza este término para diferenciar a los actores que no tienen reivindicaciones esencialmente materiales, es decir, que son distintos al movimiento obrero y que nacen alrededor de las variaciones de la economía del postfordismo y la globalización (Melucci, 1980)[4].

En consecuencia, no se trata tanto de una relación entre el trabajo y la nación, o el trabajo y el mercado, como de una justicia global, esto es, una globalización que venga determinada desde abajo y que tenga presentes otros elementos tales como los derechos humanos, el cambio climático, los problemas que la globalización le deja a los asuntos de género, la migración, la explotación infantil en la producción de la mercancía, y la reducción de la ciudadanía al voto periódico y el consumo constante.

Esto indica también que el conflicto territorial dentro del cuerpo deviene en una creciente relevancia de los conflictos identitarios. Siguiendo a Clauss Offe y a Donatella Della Porta, estos movimientos despliegan una crítica no solo a la economía, sino al orden social y a la democracia representativa porque hacen una crítica meta-política. Con esto desafían los presupuestos institucionales y las formas convencionales de hacer política. Este es más que un desafío a las relaciones de producción y más que un llamado al Estado para garantizar la seguridad y el bienestar; este es un movimiento que empieza a entender que su propósito es evitar las intromisiones del mercado y de la burocracia en los aspectos cotidianos, y que busca la reivindicación de la vida sobre el mercado, de la autonomía personal y local sobre la globalización (Della Porta, 2011). Digámoslo de una vez: acá se empieza a gestar una preocupación más grande por vetar que por votar.

Y es que antes, por ejemplo, con el movimiento obrero, creíamos entender los movimientos sociales a partir de su ideología, es decir, por "un conjunto relativamente estable y coherente de valores, creencias y metas asociadas a un movimiento o una identidad social más amplia

4. Para una crítica al racionalismo inserto en esta idea, véase: Vahabzadeh (2001).

que proporciona la lógica para la defensa o el desafío de diversos acuerdos o condiciones sociales" (Della Porta, 2011, pág. 97). Pero lo que se está gestando en los Nuevos Movimientos Sociales no es propiamente una ideología, esto es, el tipo de activismo que se empieza a gestar entre los años setenta y noventa no corresponde a una ideología específica única. Estos Nuevos Movimientos Sociales carecen incluso de un pensador o un ideólogo que los unifique y, como veremos, buscan las reivindicaciones de la autonomía individual y la subjetividad.

Entendemos por ideología un articulado de valores, ideas, e imaginarios que agrupan a una colectividad humana. Y para algunos críticos, el alter activismo tiene una ideología gaseosa y poco clara. Empero, una ideología *gaseosa* no representa ni contradicciones ni vacíos dentro de este nuevo movimiento social, en efecto, tener una estructura fija de ideas, una verdad, y unos postulados estáticos lo único que hace es asemejarla a los modos de acción de sus antepasados que dieron a luz verdades tales como Dios, la moral o el Estado. Por el contrario, ante la crisis de los meta-relatos, (la moral de la tradición judeocristiana, o el meta-relato estatal) que sostenían aquellos valores, resulta natural que " los movimientos de los últimos años más bien deban considerarse como una manifestación de la crisis de los sistemas" y, de la misma manera, resulta coherente dentro de esta propia lógica que los nuevos movimientos sociales "no aspiran acabar con el capitalismo sino a salir de él con experimentos de economías locales, de sociedades no globalizantes, y sobre todo, con experimentos individuales sobre el cuerpo y modos no violentos de acción colectiva" (Pleyers, 2019, pág. 37).

Es así como esta búsqueda de los espacios autónomos de las nuevas formas de socialización y relaciones interpersonales es más discreta, no visible a la prensa. Estas revoluciones silenciosas buscan acaso algunos *happenings* para llamar la atención ante algún problema concreto; de ahí que resulta normal que estas luego se desintegren, pues su actividad parece no ser un medio para la conquista de algo, sino un elemento artístico en sí mismo que busca llamar la atención sobre un problema específico.

A esta estrategia en la que no se busca de manera racional-instrumental hacer transformaciones en organizaciones burocratizadas sobre metas específicas, como sí ocurre en los movimientos que analizan el funcionalismo norteamericano o el estructuralismo marxista, Della Porta la llama "enfoque de sistema abierto". Señala la socióloga italiana que este es un enfoque más preciso para aquellos movimientos que "abogan por cambios sociales más generales y a menudo definidos de forma difusa" (Della Porta, 2011, pág. 185). Entonces, vemos que a este activismo le vienen bien las coaliciones momentáneas, lo que se facilita justamente por su gaseosa ideología y por la forma o estructura de su organización que es más bien difusa puesto que las organizaciones de movimientos sociales intermitentes "rebrotan cada vez que sus preocupaciones se convierten de nuevo en temas políticos prominentes y nos recuerdan cómo las estructuras estables y permanentes no son requisitos necesarios para el éxito" (Della Porta, 2011, pág. 196). Esta es entonces una consecuencia filosófica de una postura auspiciada por la muerte de Dios y, por ende, que rechaza los meta-relatos como el de la moral judeocristiana o la estatalidad liberal, y que puede entonces tener sin problemas asociaciones y apariciones más dúctiles.

De todo esto se deriva también otro elemento característico de este tipo de activismo: *carece de una estructura*. Resulta normal que en épocas del poliamor los nuevos movimientos sociales se hagan policéfalos, y es que, si bien las claridades ideológicas daban cohesión a los modelos organizativos, esta misma postura ideológica se mostraba a veces como rigidez del modelo, lo que la distanciaba de las transformaciones sociales. Como se vio en el apartado anterior sobre las teorías norteamericanas de la elección racional, lo que para algunos movimientos sociales se mostraba como una estructura organizada, también se reflejaba como rigidez organizativa, lo que generaba vicios en el interior de las estructuras de los movimientos sociales tales como la corrupción sindical o, por ejemplo, las dificultades de alianzas con otros movimientos con los que resaltaban diferencias ideológicas. Pero cuando un movimiento opera bajo preocupaciones nacidas del contexto político, esto que parece en principio ligereza ideológica o de estructura termina siendo aquello que le da su movilidad y su capacidad de éxito.

Ahora bien, la actitud "policéfala" de las no-estructuras de los nuevos movimientos sociales no está relacionada únicamente con las múltiples formas de organizarse, sino también con sus múltiples deseos derivados de su distancia con las ideologías. Así entonces, el hecho de que las nuevas formas de movilización social no obedezcan a una ideología única hace que sus intereses y sus interacciones por el hecho mismo de que rebrotan según las preocupaciones políticas del momento actúen acorde con distintos deseos. Por ejemplo, a veces los deseos se vuelcan a frenar una reforma económica que parece intrusiva; otras veces, a impedir alguna afectación ambiental; otras, a favorecer una movilidad urbana más económica y responsable con el impacto ambiental, etcétera. Entonces, estos múltiples deseos o amores que convocan a la espontánea movilización están favorecidos por la misma consecuencia de la muerte de los meta-relatos que conduce a la transformación de la ausencia de ideologías y estructuras en posibilidades de nuevas formas de acción.

Sin embargo, todos estos elementos hasta aquí señalados, esto es, la muerte de los meta-relatos y su impacto en los movimientos sociales, así como la transformación cultural hacia una resistencia no violenta que reivindica los elementos subjetivos, tendrán su auge por vía de la transformación de las comunicaciones. Dicho de otro modo, el cierre de las calles de estas protestas compartía algunos elementos de los viejos modelos de la protesta social y de los movimientos sociales, pero estas calles cerradas son al mismo tiempo la apertura a nuevos caminos que se crearon de forma silenciosa y lenta: los nuevos movimientos sociales solo nos dejarán ver su impacto con la crisis del capitalismo del 2008 y el auge de la comunicación de las redes sociales. Por eso, antes de seguir en la reconstrucción conceptual de este alter-activismo, es necesario enunciar algunos elementos de su contexto.

3. ¿A DÓNDE SE FUERON LOS MOVIMIENTOS SOCIALES?

Empecemos a dialogar ahora con el teórico contemporáneo Manuel Castells y su famoso libro *Comunicación y poder*. El profesor español sigue atentamente la noción de poder de Arendt, incluso llega a citarla; y de acuerdo con Castells, podemos entender los cambios de las maneras en las que movemos la voluntad de los otros desde las plataformas digitales y concebir esto es clave porque es posible apreciar las formas en las que el poder se nos presenta hoy.

Así pues, sostiene el sociólogo español, la construcción de estos relatos es la que moldea las mentes y las opiniones (Castells, Comunicaciòn y poder, 2018); y no será necesario reconstruir acá cómo la imprenta, los folletos, los periódicos, la radio o la televisión fueron los medios por los cuales se comunicó el poder en su intento de, o bien moldear las mentes, o cambiar las opiniones de los ciudadanos. Nos concentraremos en cómo la revolución de la microelectrónica cambió la forma de comunicación y, por lo tanto, la forma en la que se ejerce el poder variando los discursos y las acciones de los nuevos movimientos sociales.

Los movimientos sociales del siglo XX se comunicaron por vía de los periódicos, la radio, y la televisión. En el siglo XXI son las redes sociales tales como YouTube, Twitter, Tik Tok, Twitch e Instagram, los medios por los cuales se comunican entre si los nuevos movimientos sociales. Pero en este cambio de formato hay también un cambio en el sentido y en el paradigma de los actores de los movimientos sociales: la radio tenía un único emisor y transmitía un mensaje a un receptor con solo algunas pocas maneras de reaccionar al contenido emitido por el programa radial. Pero ahora estos movimientos sociales que se comunican por vía de la microelectrónica tienen una mayor formar de reaccionar y no son solo receptores de la comunicación emitida por los grandes medios, sino que además de receptores son también distribuidores e incluso productores de los mensajes y contenidos con los que entran en disputa con el poder (Castells, Comunicaciòn y poder, 2018) (Touraine, 2017). Por supuesto, este cambio de paradigma supone unas herramientas nuevas y un nuevo tipo de actor que ya no se enfrenta como antes, por ejemplo en la revolución industrial, con los movimientos obreros, desde las huelgas en las fábricas, el conflicto no es entonces entre los de arriba y los de abajo en una geografía o fabrica dada, sino que se trata de una comunicación distinta respecto a las élites y los dominios globales, que entran en disputa como unos nuevos valores y una nueva cultura por parte de actores unidos por unas redes de comunicación diversas y con propósitos diversos. A estos nuevos actores les llamaremos alter-activista.

Hacer una definición exhaustiva de este nuevo actor es difícil porque " la existencia de diferentes fuentes de identificación crea identificaciones complejas" (Castells, 2018, pág. 168) pero podemos describir a estos alteractivistas como ciudadanos urbanos, con conciencia del cambio climático, del multiculturalismo, que aspiran no tanto al ejercicio del poder de las instituciones públicas, como a una transformación cultural y, sobre todo, a la vigilancia y al veto de los abusos del poder.

A esta altura se podrán preguntar si los nuevos movimientos sociales, apoyados en lo digital, tienden a estos actores descritos, ¿qué ocurre entonces con los movimientos sociales agrarios- campesinos, indigenistas que también buscan reivindicadores de una identidad propia y nacional que se confronta con estas entidades globales de un mundo hipercapitalista?

Ciertamente, desde la postura que defendemos en este ensayo, creemos que son muchos los valiosos trabajos a propósito de los nuevos movimientos sociales de raigambre decolonial que pueden aportar (porque es ese su interés) a la respuesta, pero acá adelantamos dos cosas:

Primero. Estos actores urbanos digitalizados, caracterizados como "alteractivistas", no suponen una fase superior (bajo ningún sentido) o posterior (en un sentido temporal). Más bien, creemos que siguiendo la tesis de Ronald Inglehart (2015), esta teorización del actor urbano y conectado que empezamos a escribir como alteractivista es pertinente allí donde las crisis identitarias están relacionadas también con un conflicto de redistribución de las riquezas o de los bienes del planeta Tierra por efectos globales; y allí donde la disputa alrededor de esas fuerzas hegemónicas está relacionada no solo con la redistribución, sino también con el reconocimiento. Segundo. No es claro para mí que las reivindicaciones decoloniales al usar categorías como "sujeto", "identidad" "comunidad" entre otras, se desprendan de aquellas categorías "eurocéntricas" de las que quieren desprenderse.[5]

Pero detallemos un poco más a este actor que el sociólogo belga G. Players denomina "altercativistas"

Muertos están el Dios del Estado y el diablo de la revolución armada. ¿A dónde se fueron los movimientos sociales del mundo globalizado? Caídos los modelos estatales de los últimos dos siglos (el relato liberal y el relato comunista) los viejos modelos de análisis de los movimientos sociales tampoco sirven (Touraine, 2017, pág. 148) Las nuevas realidades necesitan ser analizadas con nuevas herramientas teóricas. Así, Alain Touraine, un francés que vivió y conoció los modelos sociales brasileros, chilenos y mexicanos, pero que también se nutrió de la apertura de los nuevos caminos tras mayo del 68, acertadamente orienta el análisis de los movimientos sociales hacia una nueva categoría que está más allá de lo social. Y es que, así como el hombre, tras la muerte de Dios, es llamado por Nietzsche como el poshombre (*Übermench*), Alan Touraine (2013) entenderá que la separación entre los medios de producción y las realidades humanas ha cambiado tanto que es necesario hablar de una nueva situación, a la que él llama postsocial. Vamos despacio con esto.

Tras los sucesos antes narrados tales como la caída del muro de Berlín, los procesos de globalización de las imágenes y de la cultura pop, etcétera, resulta imposible, y quizás también indeseable, soñar con el retorno a los vínculos estrechos de los grandes grupos nacionales, familiares o étnicos. Entiende el teórico francés que este es un proceso de "individuación", es decir, una situación del individuo aislado de cualquier sistema social, re-

5. En todo caso, quien esté interesado encontrará valiosas opiniones sobre este tema en los trabajos de (Castro Gomes, 2007) (Flórez, 2015) (Sousa Santos, 2010)

signado y acrítico ante el distanciamiento entre los modelos económicos y los roles sociales, que mira plácidamente desde el sillón el entretenimiento de la comunicación de masas. Es decir, la individuación parece estar más cercana a aquella muchedumbre solitaria señalada ya antes por la Escuela de Franckfurt y por la crtica de Kafka en la literatura.

Pero no todo es nihilismo incapaz de creación y de fuerza; no todo es rabia, ni resentimiento juvenil. Lo contrario a la individuación es la subjetivación. La subjetivación es un proceso positivo o afirmativo para la vida en búsqueda de la afirmación de la propia identidad en medio de aquella cultura global y homogénea, cuyo propósito es dar prioridad al individuo y a sus experiencias, entendiendo el propio cuerpo del activista como el espacio de libertad y lucha contra el poder hegemónico. Dicho de otro modo, el cuerpo es la trinchera donde resiste la subjetividad.

Sobre este aspecto Castells afirma, acertadamente según nuestra opinión, que en la medida en que en el mundo global existen múltiples fuentes de la identidad, este desplazamiento de los movimientos sociales es una combinación entre el multiculturalismo y el consumismo, cuya práctica es la resistencia a la dominación global de los cuerpos y deseos que habitan en dichos cuerpos (2018, pág. 463).

Para entender este desplazamiento postnacional de los nuevos movimientos sociales digitales es muy importante entender la relación que los movimientos sociales tienen con el tiempo. Acá debemos recordar aquello que decíamos en el capítulo anterior, cuando analizábamos la influencia que tiene el cristianismo en los movimientos sociales. Decíamos en ese momento que la idea de creación genera una visión cultural según la cual el tiempo es lineal, y que el tiempo sea lineal es importante en el análisis de los movimientos sociales porque esto supone un punto de partida y un punto hacia el cual se dirige la esperanza de cambio. Esta noción lineal del tiempo nos permite marcar un punto o desde el cual podemos avanzar hacia un punto X, y a ese movimiento desde cero a X lo llamamos progreso.

Por último, recordarán que cuando analizamos la frase de Nietzsche "Dios ha muerto" decíamos que esto incluye una relación con el tiempo.

Pues es momento de comentar la relación que estos nuevos movimientos sociales tienen con esta nueva noción de tiempo y sus consecuencias, que son fundamentalmente dos: 1) una cierta noción límite de la existencia; 2) una ruptura con la causalidad y las finalidades. Veamos.

La subjetivación que se encuentra en los movimientos sociales está íntimamente ligada con una noción límite del tiempo, no solo, ni principalmente, por la agilidad de las comunicaciones y los desplazamientos en los que vivimos actualmente; se trata fundamentalmente de una alerta vital expresada, por ejemplo, en los relojes del apocalipsis (BBC MUNDO, 2022)[6], esta creación metafórica de los científicos que anuncian la urgencia de actuar a favor del cuidado de la Tierra debido a los cambios producidos por la sociedad contemporánea en términos ambientales modifican drásticamente nuestra relación con el tiempo, por ende, con el progreso. Dicho técnicamente, el criterio metodológico de la escalera de la receptividad de las luchas sociales no funciona más. La consecuencia es que, a gran escala, esas nociones de futuro y progreso firmemente ancladas en los postulados liberales del Estado moderno y de la Ilustración, aquellas notas de igualdad y hermandad que se oyen en el coro de la Novena sinfonía cuando decíamos, metafóricamente, que Beethoven salía a marchar, han sido silenciadas, ya no se escuchan, probablemente no llegarán esos días a nuestras ilusiones. Nos cansamos del futuro.

Acompañando este agotamiento del tiempo futuro, a esta muerte de la esperanza que está anclada a la muerte de Dios, se une la muerte de las interpretaciones causales. El impacto de esto sobre el accionar social es decisivo. Como veremos, la movilización social más contemporánea no está

6. Nos referimos con esto a una serie de Relojes creados por el Bulletin of the Atomic Scientists de la Universidad de Chicago. Estos marcan el fin de la vida humana en la tierra por causas del calentamiento global o las acciones atómicas de los lideres políticos y militares. Su propósito es marcar -de forma extrañamente lúdica- una conversión entre tiempo geológico y nuestra forma de medir el tiempo, de tal manera que estas marcas ponen 90 segundos "de nuestro tiempo" lo que queda de "vida geológica" a la especie humana.

relacionada según el criterio aristotélico de causa-efecto, en el sentido de "salgo a marchar y protesto a causa de tal o cual cosa, quiero lograr tal o cual cosa". No. Los nuevos movimientos sociales están cada vez más desapegados de lo que se llamó la movilización racional de los recursos, como se llamó en la escuela norteamericana de Tilly y Torrow. Este supuesto según el cual quien sale a protestar tiene un propósito por conseguir ha sido eliminado en nuestra nueva versión postsocial. ¿Qué quiere decir esto?

Indica que el espectro de cambio esperado es bastante menor y mucho más ecuménico. No se trata de sacrificar la vida y ser un mártir como en las leyendas republicanas o en los mitos religiosos que dan piso a muchas de las estructuras de los movimientos sociales; más bien, las "causas" están vinculadas a impedir los abusos de poder y la dominación en los aspectos más íntimos de la vida por parte de agentes externos y desmedidos, tales como la banca internacional, las compañías extractivas, los abusos policiacos, o el patriarcado, por ejemplo.

Esto supone que los movimientos sociales no buscan tomarse el poder, ni creen en las transformaciones a largo plazo. Se trata más bien de una práctica que se vive como un fin en sí mismo, y ese fin es la resistencia como experiencia y experimento.

Podría pensar el lector que una golondrina no hace a la primavera. Es decir, que las prácticas o ejercicios individuales de reconocimiento de la propia identidad y la búsqueda de espacios de *no denominación* no son suficientes para pensar esta postura ética como un movimiento social.

Sin embargo, dice acertadamente Emiliano Terré que "existe una sociedad digital con la capacidad de crear identidad" (2020, págs. 31, 48) y entonces, este intercambio en redes sociales digitales es un espacio de creación de mitos identitarios, de prácticas que generan discursos capaces de generar explicaciones de los fenómenos sociales. Esta idea de la capacidad de creación de identidad a partir del intercambio en una esfera global es algo que comparte aquellos que han experimentado y analizado las culturas digitales (Pleyers, 2019, pág. 75) (Castells, 2018, pág. 168).

Ahora bien, es necesario aclarar que esta consolidación de las identidades se manifiesta de dos maneras, una interna y otra externa. Respecto a la primera, es la búsqueda interna de identidad en la que, en el intercambio por medio de las redes, se establece aquello que está permitido y prohibido, y aquello que es deseable dentro de esa microcomunidad (Touraine, 2017). Es a partir de las distintas reuniones, actividades, chats, etcétera, como se construyen los significados y sentidos de las acciones de esa nueva identidad (Touraine A. , 2009). Por su parte, las acciones externas son aquellas acciones sociales colectivas que supone un reconocimiento de identidades en función de la construcción de una cultura contra hegemónica (Castells, Comunicaciòn y poder, 2018; Touraine, 2017; Valencia, 2014). Digámoslo así: la comunicación interna por vía de las redes sociales trata sobre cómo un sujeto se encuentra identificado a sí mismo respecto a un grupo, mientras que la externa trata de cómo ese grupo se posiciona respecto a otros grupos. De tal manera la comunicación entre ese fuero interno y el externo por vía de las redes sociales permite que esas molestias, primero singulares y luego grupales, se consoliden y se hagan movimiento social, así que acierta Manuel Castells diciendo que "estas solitarias decepciones se hacen cóleras compartidas" (2018, pág. 453) Y de esas coleras compartidas a través de las redes se forman movimientos sociales

En conclusión, el alteractivista es aquel sujeto postsocial, que se sabe advertido de la desprotección a la que todo ciudadano está siendo sometido por parte de la ley del Estado nacional en un mundo global y que, sospechando que aquellas promesas de garantías del contrato social no van a cumplirse, dudando de que las profesiones liberales puedan dar a los individuos una identidad y lugar al interior de dicha sociedad, desconfiando de todo aquello que se enmarca en el Estado nación, el progreso material o las reivindicaciones de clase, etnia o nación; y lejos del confort de la aceptación de la cultura homogénea y global, empieza prácticas de autorreconocimiento con experiencias que no están relacionadas con la consecución del poder institucional, es decir, del poder que viene de arriba hacia abajo en el sentido Hobbesiano, sino que se trata de un veto justamente a ese poder.

4. "MAL TIEMPO PARA VOTAR", MEJOR TIEMPO PARA VETAR

"Es un mal tiempo para votar, se quejó el presidente de la mesa electoral número 14". Con esta frase empieza el brillante y hermoso *Ensayo sobre la lucidez* de José Saramago. Sin duda que se trata de una disección de la democracia contemporánea. En esta novela filosófica se narra cómo en la capital de un país que desconocemos, pero que podría ser cualquiera, el día de las elecciones se vive una gran abstención electoral y gana el voto en blanco. No es la lluvia más que el desencanto, la corrupción y el ensimismamiento lo que hace que los ciudadanos modernos entiendan que este es un mal tiempo para votar.

En la novela de Saramago de manera espontánea ha ocurrido algo maravilloso: los ciudadanos han organizado su descontento. No fue producto de un plan, no fue producto de una movilización social; tampoco fue producto de una campaña de un partido anarquista. De manera espontánea estos ciudadanos anónimos han decidido votar por el veto y llevar a la democracia a una crisis de otro nivel.

En el maravilloso mundo de las letras de Saramago, la organización de este descontento no tiene ninguna explicación distinta al muy realista sentimiento del descontento y la impolítica. Me sumo a aquellos que piensan que a la democracia agonizante no le queda más que los mecanismos de desconfianza, y eso es lo que vamos a explorar en este apartado con el propósito de enmarcar ese veto del que se ocupan los alteractivistas.

Como bien señala el informe de la Secretaría General de la Organización de los Estados Americanos, en el abstencionismo electoral de América Latina se puede observar "[que] la Tasa de Participación Electoral (TPE) de las generaciones de electores nacidos en las décadas de los años 50, 60, 70 y 80, se evidencia una caída continua en comparación con la TPE de generaciones anteriores"[7]. Con esta interpretación coin-

7. Para esto resulta interesante comparar el informe de Statista según el cual dentro de los países de América Latina solo Chile ejerce menos el derecho

ciden también la Corte Interamericana de Derechos y el *International Institute for Democracy Electoral Assistance*. Este último nos muestra que en América Latina dejaron de votar en los países en los que se presentaron protestas recientemente, así: en Chile, más del 58 %; el 52 % en Colombia; el 47 % en México de la población habilitada en el censo electoral. Esto para mencionar los países de Sudamérica en los que recientemente se han presentado significativas protestas.

Pero no salir a votar masivamente es mostrar apatía por falta de representación o descontento. Sin embargo, no votar, no es lo mismo que salir a votar masivamente en blanco y en contra del sistema electoral de los partidos y de sus candidatos, como ocurre en la novela de Saramago. Y es que la decisión de no votar no dice nada respecto al cambio social, solo es un síntoma de la crisis de representación de la democracia, mientras que la decisión de salir a votar en blanco y boicotear o vetar el sistema electoral implica tener un pie en un movimiento de transformación social a partir de la vigilancia y el control ciudadano. Pero no es esto lo que ocurre. El mundo en el que vivimos no boicotea las elecciones por la asistencia masiva a votar en blanco, simplemente, lo que ocurre es que esas cifras de baja confianza en la política ponen a la democracia en un ángulo nuevo: no se trata de un sistema de represen-

al voto que Colombia (Pascuali, 2022) Cosa que se confirma en el informe de la Organización de los Estados Americanos (OEA, 2022), pero que se contradice con los informes internos del ejercicio del voto en Colombia por las autoridades locales, que sostienen que "*De las cinco elecciones presidenciales realizadas en el nuevo milenio, tan solo la primera vuelta de este 2018 arrojó un saldo en contra de la abstención. 47 % de los colombianos decidió no salir a votar, un panorama que en las pasadas jornadas siempre se mantuvo por encima del 50 por ciento*" (Instituto Agustin Codazzi, 2020). Es de anotar acá que posterior al citado informe se realizaron las elecciones presidenciales que dieron las llaves de la Casa de Nariño a Gustavo Petro, en estas elecciones se vio el "porcentaje de participación del 58,17 %, el más alto desde el año 1998", es decir la abstención electoral fue del 42 %, 4 puntos por debajo de las elecciones anteriores (Registraduria Nacional de Colombia , 2022).

tación electoral, ni de equilibrio de pesos y contra pesos institucionales. La democracia se trata de un sistema de desconfianza social, de control y veto. Veamos.

Como bien nos enseña Pierre Rosanvallon, la democracia en sí misma siempre ha tenido mecanismos internos de desconfianza que suponen los intentos de control, el más famoso de los cuales (y también el más burlado) es el equilibrio de poderes. Si bien ya no se suele romper el equilibrio de poderes bombardeando palacios presidenciales en medio de golpes de Estado, ahora se hace de un modo más lento y discreto, menos ruidoso: se hace comprando los adversarios o persiguiéndolos (Levitsky, 2018). En consecuencia, el desplazamiento natural que ha tenido la organización de la desconfianza en la democracia es el de transformarse en una democracia que vigila, denuncia y califica. Veamos de qué trata esto siguiendo el análisis de Pierre Rosanvallon.

El teórico nos enseña en su texto *La contra democracia* que la primera variación de este modelo es la democracia de vigilancia. Esto es, un estado de alerta que en particular se expresa en los momentos de crisis y que tiene como fundamental herramienta disponer presión sobre la agenda pública (Rosanvallon, 2006, pág. 54). En este sentido, las redes sociales serán fundamentales. Hasta acá, podríamos pensar que esto se trata del mismo escalón inicial de la protesta social que, como acción colectiva, se realiza en la escalera de la receptividad, según la socióloga italiana Donatella Della Porta. Sin embargo, creemos que existe una diferencia fundamental: mientras que en el caso de la movilización social de los recursos descrita por el funcionalismo americano se marchaba para poner en la agenda pública, como el inicio de una larga escalera de la recepción de la transformación social, acá observamos que el estado de alerta tiene por propósito mover la agenda para impedir una acción estatal o corporativa abusiva. Acá se marcha para vetar.

El segundo mecanismo es el de la denuncia. Esto significa develar, divulgar acciones que pueden destruir los valores colectivos reforzando una conciencia común-(Rosanvallon, 2006, pág. 56); y este mecanismo parece ser también una alarma, pero ya no para poner las luces sobre algo que va a estar o no en la agenda pública, como en el caso anterior, sino que tiene más bien el propósito de prender la alarma sobre cosas que ya están ocurriendo y no tienen por qué ocurrir.

En tercer lugar, tenemos la democracia de calificación. Nuestro autor se refiere con esto a los mecanismos de medición de la eficacia de la gestión (Rosanvallon, 2006, pág. 66). Dicha medición de la eficacia bien puede ser un mecanismo institucional de carácter nacional o internacional, que calcula la gestión pública a partir de complejas técnicas, tales como los distintos rankings y comunicados científicos por medio de los cuales se genera presión social. Estas son las actividades que hacemos en los observatorios, son los comunicados enviados por oenegés o comunidades de activistas, etcétera; pero también están los mecanismos de calificación por parte de la opinión pública que se expresa de diversos modos, bien puede ser por medio de la imagen de favorabilidad de una persona o institución revelada en una encuesta; o bien puede ser, por el sentido común y el ánimo social a través de las redes sociales, con memes que evidencian de manera contundente contradicciones e ineficacia en la gestión de tal o cual gobernante, o mediante los desahogos más sinceros o más falsos en Twitter e Instagram y las notas de blog. Todo esto, no por menos científico o técnico, deja de ser una forma de control de la eficacia en la gestión pública y en la reconfiguración de las políticas públicas.

De estas tres formas de desconfianza dentro de los restos de la democracia una cosa aparece en común: su propósito no es tomarse el poder, su propósito es denunciar los abusos del poder (Rosanvallon, 2006). Esta parece ser una característica específica del tipo de activismo que queda en los actuales movimientos sociales: influir en la variación de la opinión pública para cuestionar la legitimidad del poder, utilizando para ello, como una de sus múltiples estrategias, la creación de subjetividades que toman postura a modo de vetos al poder.

5. EL ENJAMBRE Y EL REPERTORIO DE LOS ALTERACTIVISTAS

Habíamos visto cómo los anteriores modelos de los movimientos sociales estaban relacionados con el tipo de capital al cual se enfrentaban. Así, la muy estrecha unión de los movimientos obreros radicaba en la identidad que encontraban en su trabajo en las fábricas, generando un enfrentamiento entre una supraestructura y una infraestructura, un enfrentamiento entre los de arriba y los de abajo. También señalamos cómo el cambio de este capitalismo industrial al capitalismo fordista les permitía a los trabajadores de la fábrica adquirir aquellos bienes de consumo que habían fabricado. Esto generó un cambio en la estructura de los movimientos obreros que ya no se enfrentaban a un poder de una supraestructura que los dominaba, sino que, de algún modo, se participaba en el reclamo por el reparto de las ganancias. Así, entonces, los cambios solicitados por los movimientos sociales empezaron a variar también la estructura. Asemejándose a una escalera que parte de la protesta y busca llegar a la cúspide la trasformación cultural.

Pero también aprendimos que esa nueva estructura a modo de escalera hacía que, en el momento de las negociaciones, algunos, los que menos recursos podían movilizar o los que menos fuerza podían agrupar, quedaban fuera de la negociación y tendrían que volver a otro peldaño anterior. Lo que sigue ahora es preguntar: ¿cuál es la estructura de los nuevos movimientos sociales en la era de la comunicación digital?

No es posible dibujar el cuerpo de un enjambre de abejas. De la misma manera que las creadoras de la miel, los nuevos activistas digitales se pasan información de manera rápida y su organización va de un lado al otro transmitiendo símbolos que marcan límites, que ayuden a consolidar identidades grupales, pero para eso no se requiere una estructura. Por eso, dice Tascón, la estructura de estos movimientos es la estructura de un enjambre (Ciberactivismo, 2012, pág. 260).

Descentralizada, dicen algunos (Tascon, 2012, pág. 260); policéfala, otros (Castells, 2018, pág. 473); híbrida, apuntan los últimos (Terré, 2020, pág. 65). Los teóricos coinciden en la *no estructura* de los nuevos movimientos sociales digitales. ¿Por qué? La respuesta a esta pregunta no es unívoca, pero empecemos por su trasfondo cultural.

El problema de la "no estructura" de los nuevos movimientos sociales digitales es compleja. Pero a diferencia de los teóricos arriba citados, que se dedica a explicar esto por los medios de comunicación empleados, nosotros creemos que esta dificultad no está amparada solamente en los elementos técnicos y tecnológicos de la comunicación. Decimos que la respuesta a la pregunta por la estructura o forma de los nuevos movimientos sociales digitales es compleja por su trasfondo cultural, esto es, porque la muerte de Dios significa la muerte de las estructuras, de las esencias y, en ese sentido, la idea de Nietzsche cubrió o acobijó a los pensadores "post estructuralistas" franceses, lectores de aquél, siendo estos post estructuralistas el puente de influencia que unen al pensador alemán autor del *Así habló Zaratustra* con las posturas de los movimientos sociales más contemporáneos que no quieren tener una estructura, una ideología, una verdad, etc. Hacemos énfasis en el carácter que tiene esta decisión, porque, como bien cuenta un relato de un participante del 15M en España, "la idea que no tiene cabeza no se puede cortar" (Tascon, 2012, pág. 47). Con esta idea repetida insistentemente por múltiples activistas, entendemos que tal carencia de estructura tiene que ver más con el trasfondo de lo *no esencial* que se sabe en peligro de caer en jerarquías a causa de tales formas o estructuras. Así, esto está relacionado con la tendencia cultural contemporánea de convivir más allá de las estructuras donde se jerarquiza y se ejerce el poder, es decir, de habitar un no lugar o una no jerarquía. Entonces, la carencia de estructura es un resultado "natural" o "coherente" –si se puede hablar así– de estos grupos policéfalos, de los tiempos poliamorosos y no binarios, del café descafeinado del mundo postsocial.

Otro elemento para tener presente en este análisis es que esta no jerarquía, este no lugar, es una respuesta a la crisis cultural que vive el mundo postsocial. Y es que la tradición veía una relación entre "la causa" y "el efecto", pero ahora estas categorías aristotélicas pasan a ser más bien una actividad en sí misma. Insistimos: es notorio que tales activistas ven su vida como un experimento en sí, más que como un trabajo por una causa (Pleyers, 2019, pág. 65) y que en la creación espontánea de sus actividades o *happenings* no solamente ven una forma de llamar la atención sobre el problema que denuncian, sino una actividad donde es el hacer como actividad y no lo creado o lo fabricado lo que cobra valor.

Es decir, acá no hay una fábrica de cosas, incluida una fábrica de protestas con una jerarquía compactada, con una causa que busca generar un efecto. Se trata de una serie de acciones que comunican deseos y miedos y con ello van creando el camino de la consolidación de identidades individuales, a partir de la comprensión de lo permitido, lo prohibido, lo deseable, y la pertenencia (efímera o no) a un grupo. A su vez, estas acciones, o estos *happenings,* son las formas externas en las que las acciones sociales dan reconocimiento a aquellas identidades subjetivas (Tascon, 2012, pág. 259) (Pleyers, 2019).

Ahora bien, sí, es verdad que la espontaneidad de la movilización está relacionada con la velocidad de la comunicación, esta es lo que explican algunos expertos (Castells, 2018). Pero nosotros creemos que tal argumento es solo una razón técnica de la circunstancia filosófica más profunda y compleja, es decir, en ese contexto e hipercomunicación se da que también las acciones de los movimientos sociales tienen una distancia con aquel relato que ordenaba antes tanto al Estado como a los movimientos sociales y que, como se señaló previamente, es una estructura que viene de un gigante muerto, el Estado.

Así pues, estas estructuras híbridas, nos dice Terré, son híbridas por las distintas plataformas y dispositivos que usan, pero también híbridas por las distintas partes de la sociedad, personas, y modos que agrupan; así, por un momento y por un determinado motivo, los grupos se consolidan en torno a la indignación que X cosa produce en la comunidad, pero luego esta indignación pasa y se conforma una nueva agrupación en nombre de la causa P. Así, lo que ocurre entonces es que las decepciones solitarias que se agrupan poco a poco en las redes sociales van dando identidad a ese sentimiento de abuso de poder reflejado en las etiquetas momentáneas (Tascon, 2012) (Castells, 2018).

De tal modo, las etiquetas momentáneas o *hashtag* tales como *#hoytodossomos*, *#yosoy*, *#yotambién* #BoicotTeruel # Españaexiste #noestanmatando y, por supuesto, los muy conocidos #BlackLivesMatter, #ocuppy Wall *Street* o los no tan conocidos en occidente #FreeYouth que movilizó a los jóvenes tailandeses[8] se viralizan en momentos específicos y, como muestran los informes, ayudan no solo a posicionar subjetividades, sino a proponer una agenda de presión.

Por tanto, los criterios con los cuales medir la pertenencia a los grupos no pueden ser los mismos que se usaron durante los años sesenta, no serán criterios de pertenencia sólida según el número de años de participación en el sindicato o en el movimiento X o Y; más bien, serán unos criterios narrativos que le dan identidad al creador conforme va creando, y que dependerán de aquello que cuenta, de aquello que defiende y de las técnicas que usa para estos relatos.

Ante esto, una mirada tradicional, por ejemplo, la ya estudiada teoría de la movilización racional de los recursos de Tarrow suele entender que aquellos lazos entre los participantes de aquellas comunidades que se crean son efímeros, y que no tienen "metas" claras, razón por la cual sus expectativas legítimas de "éxito" son bajas, cuando no vanas.

Sin embargo, acá es necesario entender que los criterios tales como "metas claras", "causa" "efecto" son categorías filosóficas de la tradición que agoniza, y no hacen parte de las necesidades o los deseos de los al-

8. Hablamos de una serie de protestas en contra del gobierno autoritario en Tailandia que movilizó en 2020 a cientos de jóvenes en ese país en nombre de una apertura democrática. Lo interesante del caso acá analizado por la Critical Asian Stuies, es que se evidencia que las redes servían internamente (es decir, en los grupos y diálogos intersubjetivos) para consolidar la opinión en contra de tal régimen, y externamente servía para coordinar las marchas de protesta. Véase (Sinpeng, 2021)

teractivistas; y así como las comunidades se unen hoy por redes sociales para tener sexo ocasional y esto no va en detrimento de nada porque este puede ser un fin en sí mismo, así se unen en distintos estallidos de indignación sin que esto tenga que ser medido necesariamente bajo el criterio del "éxito" o la conquista de una "meta" o por el "efecto" logrado. Se trata de la actividad en sí misma.

A razón de esto encontramos que el activismo digital pasa o se transforma de un lugar al otro. Podemos ver, por ejemplo, que activistas del 15M en España se volvieron también participantes de los movimientos "Ocupa" y después pasaron a ser parte del movimiento "V de vivienda". También podemos decir esto en el caso colombiano: muchos de los marchantes en contra de la reforma tributaria del gobierno Duque se vistieron luego de marchantes por la reforma a la educación, o también transitaron las calles indignadas por los abusos policiales en las marchas después del COVID. Es decir, se etiquetan desde el #noalareformadeDuque a la #nosestanmatando, paseando por el #vivasnosqueremos o #niunamenos que muestran que se agrupan en momentos de decepción específicos, o en torno a indignaciones que se hacen conjuntas.

Pero entonces, si no hay metas específicas, o las metas son mutables, ¿cuáles son los repertorios? Según lo que habíamos visto, el diagrama en modo de escalera de la movilización racional de los recursos nos enseñaba que la unión entre movimientos les daba fuerza a las demandas. Es decir, esta idea de la movilización de los recursos se resume en el dicho: "la unión hace la fuerza". Entonces, decíamos, los ecologistas se unían con estudiantes, obreros con feministas, etc., y se unían unos con otros con el propósito de generar presión y escalar hasta la transformación cultural. Para ello usaban distintas estrategias o recursos dentro de los que destacaban las marchas, los comunicados de prensa, los folletos, etc.

Pues bien, es necesario decir que el alteractivismo no descarta hoy el uso de este mismo repertorio; de hecho, cuando analizábamos esto decíamos, siguiendo a Sídney Tarrow, que el repertorio es algo que se podía prestar de un grupo a otro. Así, los grupos se prestan arengas, cantos, estrategias de cierres de calles, etc. Ahora, lo que ocurre hoy es que el repertorio del alteractivismo está acompañado de herramientas tecnológicas que hacen parte de su propia caracterización y no solo de sus modos de comunicación. Veamos algunos de estos elementos del repertorio.

Hablemos de la contracumbre. Este es de los primeros elementos que hace parte de las características especiales de esta forma de movilización. A finales de los años noventa, y más concretamente en la ciudad de Seattle, una comunidad con un movimiento sindical muy desarrollado y fuerte notaba con preocupación cómo los empresarios de la OMC y el entonces presidente Clinton ignoraban las solicitudes de encuentros y participación en dichas reuniones. Es así como, unidos con otros grupos muy diversos, entre ellos comunidades religiosas, defensores de Derechos Humanos, anarquistas, feministas, pacifistas y ambientalistas, deciden rodear las calles alrededor del lugar donde se desarrollaría la convención, esto con el propósito de impedir dicho encuentro entre empresarios y líderes políticos. El propósito de este veto era demandar una globalización mucho más horizontal, incluyente y menos empresarial y extractiva. Tras el mitin que, por supuesto, contó con unas falsas noticias sobre la violencia de los manifestantes, información que después fue corregida, los integrantes de esta contracumbre pedían una globalización de otro modo, una más horizontal, responsable ambientalmente e incluyente. Es decir, una globalización que decía: "otro mundo es posible". Lamentablemente este nombre no fue el que caló y este movimiento fue que conocido después como "movimiento antiglobalización".

Como fuera, después de dicha contracumbre sus integrantes pudieron crear foros y actividades que tres años después se traducirían en el Foro Social Mundial de 2001, y también les permitió a distintos periodistas independientes hablar de política por vía de un nuevo canal de medios independientes que se conocerá como Indymedia.

Es así como empieza este hábito de hacerle a las cumbres unas "contra cumbres". Desde 1999, muchas organizaciones han venido realizando más y más; y cada vez se fueron fortaleciendo y organizando en modo de enjambre, y comunicándose por las redes, al punto que se pueden encontrar páginas con cientos de organizaciones que ponen los calendarios de las cumbres que serán objeto de críticas y contracumbres y se instalan redes de comunicación y solidaridad en apoyo de tales contracumbres, que van desde la *Climate Justice Coalition*, que cuenta con más de 1000 organizaciones a nivel mundial. Destaca entre estas PEMNVA, una página que en apoyo a las luchas por los derechos humanos y la libertad de expresión en Arabia Saudita. Allí organizan y coordinan eventos los alteractivistas, incluso en medio de los más grandes peligros que puedan llegar a fomentar tales regímenes duros y poco afectos a las críticas y protestas.

Al respecto, vale decir que a principios del siglo XXI las opiniones estaban ligeramente divididas. Por un lado, activistas y teóricos como Pablo Iglesias defienden la importancia de mantener las contracumbres porque el movimiento no sería comprendido ni plausible sin estas formas de oponerse a la globalización neoliberal (Iglesias, 2009, pág. 14). Por otro lado, algunos teóricos como la francesa Brigitte Beauzamy (2004) sostienen que, sin duda, el valor simbólico de las contracumbre es importante, pero no dejan de correr el riesgo de que los bloqueos cada vez sean más distantes de los lugares de la cumbre, o bien que la institucionalización del acto performativo de la contracumbre empiece a normalizarse y, dado que ya no serán actos nuevos, no llamarán la atención de ninguna causa y perderán entonces la visibilidad y la intensidad de su denuncia-(Beauzamy, 2004). Corrido casi el primer cuarto del siglo XXI, podemos decir que no existe material suficiente para inclinar la balanza a favor de una opinión u otra.

Pasemos ahora al otro elemento del repertorio del alteractivismo: las ciberturbas. Nuestros análisis sobre el movimiento obrero y la movilización racional de los recursos habían mostrado una relación directa entre la capacidad de agrupación, ocupación de las fábricas y calles. La conquista de las demandas, habíamos dicho, era una forma horizontal de movilización que iba de abajo hacia arriba, cosa a la cual desde la política llamamos poder. ¿Pero qué ocurre con las redes sociales y la movilización en las calles?

Los teóricos son claros en sostener que el uso de las redes sociales que no congregue o convoque a la movilización en las calles no tiene fuerza, es decir, no tiene poder (Castells, 2018, pág. 46; Touraine, 2017; Pleyers, 2019; Taylor, 2007; Terré, 2020).

Así la movilización en las calles es solo una parte, acaso la más central. Sin embargo, no es la única. El mundo de los hackers legó a los alteractivistas un elemento novedoso para su repertorio: las ciberturbas. Veamos.

Es probable que la persona que está leyendo este ensayo haya recibido alguna vez algún email masivo solicitando apoyo para alguna causa, o que por esta vía se vean invitados a foros y otras muchas actividades; acaso que por cadenas de WhatsApp o *reels* de Instagram vean que se denuncia algún abuso. Quizás quien lee estas líneas se ha preguntado ¿para qué sirve esto?.

Pues bien, ha de saber quién lee este libro que se trata de una estrategia que, apoyándose en la tecnología, tiene por propósito enviar "fax" de manera hilarante, o hacer muchas llamadas desde máquinas automáticas, o más actualizados, enviar cadenas de correos masivos hasta obligar al receptor de tales fax, llamadas o cuentas de email que quieren ser bloqueadas a parar sus funciones, de la misma manera que una protesta por las calles obliga a la interrupción del normal desarrollo comercial o político de una comunidad. Estos *faxing, calling, o emaling* tienen por propósito crear unas ciberturbas que obturen o que obstaculicen la entidad que se considera abusiva, mientras comunican a extraños los motivos de las molestias y las protestas (Tascon, 2012).

Quien considere estas estrategias como insuficientes quizás cambie de opinión si observa que, según el informe de la Cámara Colombiana de Informática y Tecnología, "en el año 2021 se presentaron 41 billones de intentos de ataques cibernéticos en el mundo y siete billones en Colombia" (Estudio trimestral de cyberataques a entidades de gobierno, 2022). Esta escalofriante suma, ¡que se dice por billones!, nos brinda algunos ejemplos que podemos comentar.

Empecemos por casa. Recordemos que el grupo Guacamayas atentó contra la página de la Fiscalía de Colombia en el año 2022, cuando en medio de las protestas el gobierno Duque había recibido 5 ataques a sus páginas oficiales. Pero la situación no se da solamente en Colombia. Obviamente podemos ver otros reportes de prensa: en febrero de 2022, en República Dominicana, 14 páginas del gobierno de ese país son atacadas; en México, ocurren 23 ataques en el 2015, según lo destaca el diario *La Razón*. Pero no es solamente un ataque hacia entidades gubernamentales, sino que empresas privadas han sido atacadas y no por razones de hurto, cosa que distingue el ataque de un cracker del de un hacker[9].

Es así como vemos que en el 2013 más de 1000 personas usarías de Yahoo! y sus datos personales por el hackeo de su página; otro tanto ocurría con Telefónica en España, para no decir nada del mismismo Pentágono que fue objeto de hackeo ya a fines de los noventa. También podemos recordar el caso *Hasley Madison,* la famosa página de citas para personas casadas que en la clandestinidad se veían con otros prófugos de la monogamia entre los que se encontraron varios políticos y personajes de la farándula que, por culpa de estos activistas, no pudieron disfrutar de las mieles del amor ocasional (Agenda APD, 2022).

Una pregunta legítima será: ¿funciona la "combinación de estas formas de lucha" entre los comunicados masivos y el hacker-activismo? ¿Funciona esta combinación entre lo *online* y lo *offline*? Al respecto, la bibliografía existente se divide en dos grupos: uno que dice que sí porque existe el caso de X o Y, y citan casos de éxito en la conformación de identidades grupales que se configuran para las protestas, tomando por casos paradigmáticos los indignados en España, los estudiantes en México y Chile, acaso los chalecos amarillos en Francia. Otros, por su parte, afirman (y con razón no solo empírica, sino de la lógica argumental y

9. Un caso de crackers, es decir, de secuestros y robos vía internet es el caso de INVIMA. Véase: (Consultor Salud INVIMA, 2022)

formal) que estos son casos singulares de éxito tomados dentro de una amplia gama de casos que no representan el mismo triunfo.

Acá queremos tomar parte de la discusión con una tercera vía. Simple: creemos que, si los vínculos entre las redes no tuviesen efecto, la policía y los gobiernos no los bloquearían. Por eso el acertado título de la nota correspondiente de la prensa francesa cuando señaló "Internet en Colombia: el otro gran escenario de las protestas" (France 24, 2021)

Y es que si no fuera funcional, el gobierno de Iván Duque no habría tenido que violentar la libertad de expresión en las redes sociales, como ocurrió por ejemplo durante varias horas durante las protestas contra su gobierno (Hernández, 2021); ni tampoco se tramitarían impuestos a las redes sociales como ocurrió en el Líbano durante las protestas por la corrupción del gobierno de Saad Hariri, ni sería más grave la pena de convocar por redes a una marcha que ir a la misma marcha, como ocurre en Irán. (Europa Press, 2019) De tal modo, la prueba está no en los marchantes y convocantes por las redes, sino en el brazo armado que sale a impedir con la espada, los impuestos o las horcas, las protestas a las que se convocan desde las redes. Si las tienen que reprimir o desviar es porque funcionan.

Podemos agregar que nos unimos a los estudiosos que consideran que los vínculos entre activistas no están dados en función de su diálogo con los otros, los distintos, sino que más bien las redes sirven para un diálogo interno, para la consolidación de las propias subjetividades y la unión de estas con sus respectivos colectivos, tal y como lo confirman diversos estudios en México, Chile o Kenia (Echevarria, 2019) (Mukhongo, 2020; Santibañez, 2018). Esta consolidación no se puede medir con los #hashtag, o con la cantidad de vínculos y diálogos entre sectores opuestos, sino con los chats grupales y las convocatorias de aquellos grupos.

Queremos entonces señalar, en primer lugar, que esta estrategia del ciberactivismo es una herencia del hacker-activismo que consiste en bloquear las redes del abuso del poder, y que éstas son utilizadas constantemente, acaso más de lo que llegamos a ser conscientes. En segundo lugar, que estas ciberturbas tienen por propósito vetar los abusos del poder y logran cibermovilizarse del mismo modo que millones de personas en las calles lo hacen frente a los edificios públicos o bancarios.

6. ¿HACKEAR EL ALGORITMO? ALGUNAS OBJECIONES Y ALGUNAS RESPUESTAS

Este primer cuarto del siglo XXI vivió no solamente una cierta teorización de aquellos movimientos sociales apoyados en las redes sociales digitales; también han ocurrido manifestaciones críticas en contra de tales. Lo que nos ocupa ahora es reconstruir estos ataques y hacer un análisis crítico de tales comentarios.

Desde que Enrique Danz publicó su famoso texto *The Net Desilution* en el 2012, muchos son los argumentos en contra de aquello que algunos han llamado con ironía y desdén como "movimientos Facebook" o "revoluciones 2.0" (Ghonim, 2012).

En cuatro grandes aspectos se pueden sintetizar las objeciones más importantes ante este modo de los movimientos sociales: 1. Las que recaen sobre el algoritmo como un espiral de silencio o un flujo informático controlado que impide la comunicación y la libertad; 1. el algoritmo como una forma de capitalismo que no suponen una crítica desde adentro. 2. La insuficiencia de pruebas empíricas de casos de éxito. 3. Aquella que señala que la estructura y los sujetos sociales de tales movimientos son poco claros o que no tienen forma, que se diluyen en el tiempo, o que no son claras sus conquistas. 4. La desigualdad en el uso de las plataformas producto de una brecha etaria.

Acá vamos a analizar y comentar cada una de ellas.

El algoritmo, ¿un espiral de silencio?

Una de las críticas más comunes se puede sintetizar en el reclamo popular según el cual se quiere cambiar el mundo desde el iPad. Esta expresión del sentido común está comentada de forma más técnica por varios de los críticos de este movimiento, entre los que destaca José van Dijck (Van Dijck, 2016). Esta crítica señala que el complicado y sofisticado elemento tecnológico que maneja los algoritmos de las plataformas desde donde se comunican estos movimientos sociales tienen dos trampas centrales: la primera de ellas a la que llamamos "el espiral del silencio", relacionada con la manera en la que el algoritmo puede silenciar las expresiones y dirigir aquello que comunica desde la plataforma; en este sentido, lo que se muestra en realidad es una forma de ocultar lo que está ocurriendo en las manifestaciones sociales. Esto porque la plataforma tiene intereses económicos y políticos. Así entonces, los movimientos sociales quedan ocultos dentro de una espiral de silencio en el interior de una burbuja de algoritmos.

Sobre esta mirada es necesario comentar lo siguiente. Las plataformas no censuran tanto como quieren los gobiernos. Sin duda que existe una serie de intereses económicos y alianzas políticas entre gobiernos o candidaturas (como ocurrió por ejemplo con WikiLeaks) y las empresas dueñas de las plataformas, todo lo cual sirve para favorecer intereses demagogos y populistas, tanto como para silenciar –de modo sutil– los movimientos sociales. Sin embargo, este no es un ejercicio de poder total. No lo es porque, como se ha evidenciado, muchas veces se alcanzan a hacer las denuncias por esta vía antes de ser censurados o, por ejemplo –en el caso de Egipto– el hecho mismo de que las plataformas sean utilizadas para denunciar genera un uso tal que supone una rentabilidad alta a la misma plataforma, quedando abiertas por el interés económico, o bien por las presiones de entidades externas que demandan la apertura de la plataforma – presiones económicas o humanitarias–.

Distintas organizaciones han rastreado el cierre de internet o el enrutamiento de la conexión a Internet por parte de múltiples gobiernos. Así, entre 2016 y 2021 la ONU sostiene que "registró 187 cierres por apagones en Internet en 35 países" según el Informe de Política pública de Internet Society. Sobre esto la ONG KeeptInOn encargada del informe para El año [2021] estuvo marcado por la militarización de los cierres durante el conflicto armado y un resurgimiento continuo de los cierres durante las protestas" (ONU, 2022).

Estos indicadores alarmantes sobre el deterioro de los derechos humanos que terminan generando la presión del activismo digital resultan develando algunas cuestiones. En primer lugar, existen razones tanto económicas, para la plataforma, como políticas, para las organizaciones sociales, que nos conducen a pensar que, en efecto, el algoritmo ha sido muchas veces utilizado para la censura y la burbuja algorítmica, pero que no es una máxima universal que impida sostener que los movimientos sociales se pueden agrupar, identificar y expresarse con distintas intensidades por vía de las plataformas.

De igual modo, es el apoyo mutuo de las comunidades en red lo que permite la vigilancia y veto de múltiples entidades transnacionales, como es el caso de la ONU, que se alerta y genera presión para hacer valer el derecho a la libertad de expresión y a los derechos humanos de aquellos alteractivistas.

Pero, además, esta burbuja-espiral no es solamente un problema de las redes sociales. Hace ya mucho Pierre Bourdieu señaló que es un problema de los medios de comunicación en general. En su famoso ensayo *Sobre la televisión* (1998), el sociólogo francés nos mostró cómo esta es una estrategia de las noticias en la TV que, justamente, trata de "ocultar mostrando"; es decir, mostrando muchas tonterías, se disimulan hechos relevantes.

De la misma manera y más recientemente, el estudio de Manuel Castells nos enseña que los medios de comunicación no son solamente los canales por los cuales se transmite el mensaje del poder, las formas en las que se moldean las mentes de aquellos que son los receptores del mensaje, sino que son los espacios mismos en donde se crea el poder (Castells, 2018). Por lo tanto, esta crítica no solamente se queda corta al apuntar a las redes sociales –lo que es una verdad conocida de todos los medios de comunicación–, sino que desconoce una verdad evidente: todos los medios de comunicación, no solo en las redes sociales, son los espacios de configuración de las mentes que emiten el mensaje del poder al mismo tiempo que ocultan información. Luego, el problema es más el uso que se le da al programa de radio, a la editorial de un periódico, a las noticias en TV, o a los videos y tuits.

Las mismas tinieblas y otro corazón ¿Otro modo de capitalismo?

Una variación del argumento anterior indica que las plataformas son la forma actualmente más elaborada del capitalismo y que combatir el capitalismo en el interior del capitalismo es, como mínimo, una cosa inocente. Más bien, el alteractivista es un producto de esta nueva ropa del capitalismo. Es así como una teórica anarquista considera que esto es algo nuevo y superior al capitalismo- Ella lo llama vectorianismo (Wark, 2021). Incluso, algunos sostienen que esto es un retroceso tal que no dudan en calificarlo de "neo-feudalismo" (Champeau, Internet y el futuro de la democracia, 2012, pág. 191), que gerencian todo desde nuevas elites radicadas en Silicón Valley, incluso la protesta social contra la mercancía. Este espacio de poder tendría la posibilidad de manejarnos el "inconsciente tecnológico" (Van Dijck, 2016, págs. 39-52) Además, sostienen algunos que no existen movimientos sociales desde las plataformas en la medida en que éstas son privadas y no públicas; por tanto, no corresponde a un movimiento social expresarse desde un espacio privado (Champeau, 2012, pág. 97)

Esta crítica tiene varias ramas que deben ser analizadas. Hablemos primero de la que ve en el "alteractivista" un producto del mismo sistema. Este es un hecho cierto; pero nada impide que desde adentro de las plataformas y del sistema de producción de datos se creen prácticas de resistencia al mismo sistema. Tal y como lo habíamos dicho desde el inicio de nuestro análisis de los movimientos sociales, fue por las carreteras construidas por los grandes señores feudales como aparecieron los burgueses para interrumpir en el sistema; fue en las fábricas de los burgueses hechas para la explotación del obrero donde este tomó conciencia de sí y para sí (Marx C. , 2006). ¿Por qué tendríamos que pensar que la crítica al sistema económico de los datos deba estar excluida del sistema económico de los datos que critica? Nada supone que esto sea una regla, y bien puede ser que, así como el burgués entró por los caminos del señor Feudal y el trabajador tomo conciencia de si y para sí en las fábricas del Burgués, la revolución en los tiempos de los algoritmos se pueda hacer desde el IPad.

Ahora bien, sin duda el activista –al igual que todo consumidor de las redes sociales– es un producto de estas. Pero es necesario resaltar una diferencia importante: no es solamente un consumidor pasivo; el alteractivista es consumidor, es producto, pero también es productor de contenido y emisor de mensajes. Esta característica multimodal supone una diferencia significativa con aquel productor de contenido que es simplemente un producto, pues en su producción también hay mensajes que han alterado las relaciones de poder en la medida en que ahora conduce las emisiones de los mensajes que tienen propósitos sociales y políticos.

Después está la crítica sobre el espacio privado de la plataforma como elemento para la discusión sobre lo público. En primer lugar, rechazamos de esta noción su idea de "privado" porque nos parece simplista. Lo que aquí se entiende por privado es la idea común –acaso trivial– de privado como propiedad privada que pertenece a una persona o grupo. Pero lo privado en filosofía política es algo bastante más profundo que esto; como se mencionó en el primer capítulo sobre reconstrucción de la idea de la política, la designación de lo privado mienta no solo la propiedad privada, sino todavía algo más importante: aquello de lo que un ser humano es privado, esos elementos materiales de los que carece alguien y por lo cual está expuesto a la dominación (Arendt, 2000) (Aristóteles, Politeia, 1991). Así pues, esta amplitud del concepto es relevante en nuestra discusión porque se habla de algo mucho más profundo que el asunto meramente material que constituye la crítica. Nuestro recorrido por los movimientos sociales señala un gesto que transita desde las luchas por la redistribución económica de los bienes y las ganancias en el mundo obrero, hasta las luchas por el reconocimiento, esto es, la construcción de la subjetividad de la cual un grupo se encuentra privado por el menosprecio que vive. Así entonces, el primer elemento que vemos acá es que "no solo de pan vive el hombre" y los movimientos sociales se han percatado de que esto es un asunto mucho más allá del puro asunto económico, por lo cual, la privación no es solo de cosas materiales.

En segundo lugar, tenemos que señalar que pensadores más profundos han surcado el mar complejo que relaciona la esfera privada, el material, y la esfera íntima, entendida como aquella en la que se da la construcción de la identidad o subjetividad, por ejemplo, pensamos en el movimiento Arendt cuando analiza la relación que se teje entre la esfera de lo privado y la esfera de lo público a partir de la capacidad del juicio (Arendt, La Condicion Humana, 2000) (Arendt H. , 1995)[10].

Así entonces, la crítica que acá sintetizamos no llega sino hasta la capa más superficial del problema. Consideramos que el proceso complejo de construcción o conquista de la subjetividad pasa por un reconocimiento del otro, tal como se mencionó anteriormente; la construcción del yo se hace en función o en relación de aquel otro social en el que se construye la identidad (Ricoeur P. , 2016). Como se pudo evidenciar, las redes sociales no están puestas tanto para favorecer la discusión pública con aquel otro que es distinto a mí en el ámbito de la pluralidad de la política, sino que más bien favorecen la construcción identitaria entre un "yo" consigo mismo, un "yo" con aquel nosotros como grupo identitario en el que yo me identifico (Terré, 2020) (Valencia, 2014). Para decirlo brevemente, y anotemos esto también en función de el espiral

10. El caso con el vínculo-puente entre lo público y lo privado en Hannah Arendt nos supone un especial cuidado. Desde su *Condición humana* (1958) ella separa las dos esferas, pero ¿qué las une? ¿Cómo se vincula el ciudadano desde su ser hacia la comunidad? El papel de esto lo juega el juicio, categoría compleja que ella intentó desarrollar en su texto *Conferencias sobre Kant* publicado de manera póstuma en 1986 y basado en las clases que dio entre 1973 y 1974, pero que creemos debe ser acompañado de su idea crítica sobre la crisis de la Educación. Es decir, analizar este vínculo en la obra de la pensadora sobre el totalitarismo nos supone hacer una pregunta que atraviesa casi toda la historia de su pensamiento.

del silencio: las redes sociales no son para el diálogo político entendido como hablar con el otro que es distinto; funcionan para la construcción de identidades, primero subjetivas, y luego para la incorporación de aquellas subjetividades dentro de los grupos sociales que eventualmente puedan volverse (o no) movimientos sociales o políticos.

En tercer lugar, esta discusión entre el espacio social y público confrontada con el espacio privado ha sido caracterizada como una discusión entre la relación que se da en los movimientos sociales *online* y *offline*. Lo que sea que quiere existir en las redes sociales solo existirá si tiene un correlato entre las redes sociales y las calles. Esto es así para muchos analistas como Manuel Castells (Castells, 2018) o Donatella Della Porta; también lo ha expresado el activista y político Pablo Iglesias, así como también recuerdo que sobre esto se manifestó la otrora activista y defensora de los derechos ambientales y humanos, hoy vicepresidenta de Colombia, Francia Márquez, cuando sostenía que las redes sociales servían como plataformas de visibilidad, pero que debían tener correlato en la calle. (Valencia, R, 2014, págs. 84 -103).

Por su parte, encontramos el planteamiento de Emiliano Terré en su excelente libro *Activismo mediático híbrido*. Allí sostiene que es necesario " superar el reduccionismo comunicativo que caracteriza a la mayor parte de la literatura sobre los medios/ movimientos y evidenciar la complejidad comunicativa de las expresiones políticas contemporáneas" (2020, pág. 49) La idea es que caemos en una falacia si entramos en los binarismos *online /offline*, protesta virtual / protesta real, pues esta trampa del lenguaje da la falsa idea según la cual lo que hay *online* no es real. A esta postura le cuesta entender que las subjetividades que se forman en las discusiones de las redes sociales y que se organizan por allí para salir a marchar también son reales.

Así pues, Terré propone una perspectiva ecológica de los movimientos sociales. No se trata de que los medios tengan adaptaciones de los nuevos a los viejos medios, sino que se trata más bien de una función de "poli-medios" en la que una estructura o forma de comunicación se integra a otros modos de comunicación. Así, los tradicionales periódicos empiezan a tener modos digitales, los viejos noticieros innovan secciones sobre noticias virales en redes, etc., convirtiendo la comunicación de masas en entornos sociales complejos porque son varios medios que cohabitan e interactúan entre sí. Dice Terré que, si consideramos los medios como entornos, ecosistemas y ecologías, podemos mirarlos desde una "perspectiva evolutiva". Más adelante añade que, "una comprensión ecológica de la dinámica entre los medios de comunicación y los movimientos reconoce la naturaleza híbrida del activismo contemporáneo al reconocer que la hibridez de los medios puede ayudarnos a superar la falacia del dualismo espacial" (Terré, 2020, pág. 36).

Entonces, estas épocas poliamorosas nos invitan a pensar que no se trata de un "matrimonio complicado y binario" entre la calle y las redes, sino que se trata de la configuración múltiple de agentes activos en el seno de un capitalismo con contradicciones en su comunicación.

Insuficiencias empíricas

Pero existen quienes critican no los medios de comunicación por los cuales se expresan estos nuevos modos de los movimientos sociales, sino directamente la idea de movimientos sociales que aquí aparece. Entre estos podemos tomar como ejemplo el profesor argentino de la Universidad de California Silvio Waisbord. Él considera que en estos análisis "bastardean y simplifican términos complejos como cambio social, revolución, movimientos sociales y participación ciudadana" (Waisbord, 2015). El profesor de la Universidad de California va todavía más allá y ataca los resultados que los análisis expresan por medio de los ejemplos tales como el movimiento de los indignados en España, o el de los Ocupa Wall Street en los Estados Unidos. Desde su perspectiva, estos no son análisis, ni tampoco aquellos son movimientos sociales. Su argumento expresa que tomar estos ejemplos exitosos para atraer de ahí teorías sobre un nuevo movimiento social es ignorar un manojo de otros ejemplos de fracasos, y que, por lo tanto, no existen pruebas empíricas de que esos sean movimientos sociales (Waisbord, pág. 84).

Pero analicemos esta crítica. En primer lugar, debemos distanciarnos de ese lenguaje visceral con el que se adjetiva los intentos de teorización. Resulta curioso que el profesor de la Universidad de California en su artículo adjetive de "bastardeo" etc. a los teóricos que hacemos tales esfuerzos de análisis. Digo, en una revista que tiene tantas pretensiones científicas y empíricas, el ensayo del profesor de la Universidad de California sorprende por caer en una falacia tan básica como es la falacia *ad hominem,* que recurre al insulto y la descalificación, lo que sonrojaría a un estudiante novato de lógica.

En segundo lugar, debemos concentrarnos en los conceptos que quiere desarrollar el citado profesor. Claro está que la expresión "revolución" aplica para muy pocos movimientos, acaso lleguemos pronto a un acuerdo: si existe algo llamado "revolución", no serán muchas más que la estadounidense, la francesa y la rusa. Respecto a la simplificación de los términos complejos que se utilizan para el análisis de los movimientos sociales, no podemos sino coincidir con el autor. Eso sí, debemos agregar que la simplificación de estas categorías –estén de acuerdo o no con la elaboración teórica– que se hace sobre el ciberactivismo o el alteractivismo es un problema de los autores (que no fueron citados ni analizados por Waisbord) y no del fenómeno que es simplificado, y que justamente por su confusión merece atención por parte de aquellos autores que sí han elaborado complicadas teorías al respecto. Por lo tanto, consideramos estas críticas desafortunadas y de poco sustento.

Por último, el argumento del artículo es claro: algunos teóricos usan ejemplos de casos ocurridos, los indignados en España, los chalecos amarillos en Francia, etc., y pretenden deducir de tales ejemplos la existencia de un nuevo movimiento social con los que se intenta universalizar o generalizar la experiencia de los movimientos sociales. La crítica que Waisbord realiza es entonces que, así como existen ejemplos de éxito, existen también ejemplos de fracasos y que por ende, en esa generalización se cae en una trampa.

No cabe la menor duda de que citar unos ejemplos mientras se ocultan otros es una generalización, lo curioso de este asunto es que mientras que Waisbord dice esto (página 77), más abajo hace exactamente lo mismo para demostrar exactamente lo contrario (página 83) es decir, cita ejemplos (Waisbord, 2015).

De nuestra parte consideramos que la existencia de estos movimientos sociales digitales no se demuestra con ejemplos porque, efectivamente, hay tantas muestras para sostener una cosa como otra, y en la elección se pueden ocultar cosas. Pero esto no impide para nada pensar que dentro de estos ejemplos subyacen elementos culturales que son importantes para la teorización de un fenómeno social complejo que se ha manifestado no una sino varias veces, y cuyas lecciones históricas nos permiten tener algunos conceptos para teorizar el fenómeno social. No olvidamos que lo que se cita o referencia como ejemplo es eso, un ejemplo, y tiene una función ilustrativa, no demostrativa.

¿Quiénes son, qué ganaron, cómo se organizan? La crítica a los sujetos, a sus éxitos y su estructura

Una crítica muy constante a estos nuevos movimientos sociales que se apoyan y participan de las redes sociales es aquella que está encaminada a señalar cómo están estructurados, quiénes son los sujetos sociales que los integran y cuáles son los éxitos que lograron (Champeau, Internet y el futuro de la democracia, 2012) (Pleyers, 2019) (Waisbord, 2015). A esto se añade la pregunta por cómo se sostienen en el tiempo movimientos que no tienen estructuras ni sujetos claros (Tarrow, 2018) (Della Porta, 2011). La crítica termina señalando que los movimientos sociales digitales no son tales, sino que más bien podrían parecer mecanismos de expresión de jóvenes nihilistas incapaces de proponer nada, y por ende, ineficaces para la trasformación social (Champeau, Internet yle futuro de las democracias, 2012)

Sobre esto es necesario decir lo siguiente: cuando estudiamos la movilización racional de los recursos y el análisis de Tylly y Tarrow, vimos que uno de los problemas de esta teoría era que requería del huelguista profesional. Así, los gremios entraban en un complejo sistema de burocratización que tendía al estancamiento a y a la corrupción. Ahora bien, gracias a su capacidad comunicativa, las acciones de los nuevos movimientos sociales digitales pueden ser coordinadas rápidamente y sin depender de vínculos organizacionales (Tascon, 2012). Se reprocha, entonces, que los movimientos sociales se han distanciado de los procedimientos burocráticos tradicionales porque señalan que en esos procesos burocráticos aparecen mecanismos de exclusión y de corrupción.

Que no se olvide quien esto lee que esta es una generación de vínculos laxos, es una generación que puede enamorarse o simplemente tener un rato de pasión en aplicaciones de sexo casual; es una generación que intenta recuperar para Occidente las relaciones no monógamas porque es absolutamente consciente de cómo esta cultura occidental moderna y sus matrimonios monógamos son una institución relativamente nueva en la historia de Occidente, con altos índices de fracaso, y que a la vez esta creación cultural del Estado y la Familia son sustento de los mecanismos de la opresión no solamente heteropatriarcal, sino de la desilusión y el desengaño[11]. Así pues, decir que tienen vínculos débiles no es señalar un punto frágil de tales movimientos sociales, por el contrario, es un punto a favor de los nuevos modos de relación.

Y lo que aplica para las relaciones o vínculos aplica en este caso también para los movimientos sociales. Si los movimientos sociales no tie-

11. No se pierda de vista que la aparición del *Homo sapiens* data de hace unos 300.000 años aproximadamente, y que el amor que da piso a los relatos de amor romántico es del siglo XVIII, es decir, es un relato que sólo ocupa los últimos tres siglos de aquellos tres mil siglos de humanidad. Es decir, esa pretendida estabilidad resulta ser muy reciente. Pero no solo es reciente, sino que los índices de divorcio muestran que es una estabilidad escasa. Y, por último, respecto al problema de los vínculos por vía de aplicaciones, qué podemos decir de las citas para marchar por medio de las redes, si se calcula que hoy en día el 83 % de las personas en el mundo conocen a las personas de interés amoroso y sexual por vía de aplicaciones.

nen vínculos estrechos como otrora el movimiento obrero, no es por incapacidad, sino por coherencia con las experiencias pasadas y con los propósitos del mismo movimiento que rechaza aquellas estructuras fijas, aquellas organizaciones que, si bien es cierto pueden dar estabilidad y continuidad, también permiten la corrupción y la opresión.

Será entonces necesario crear otros criterios de eficacia para estos nuevos movimientos, puesto que no parece legítimo usar los criterios de eficacia de la tradición rechazada; pero, además, será necesario pensar si es justo o correcto aplicar la idea de criterios de eficacia a estos movimientos sociales que rechazan la idea de eficacia de la ciencia moderna aplicada a las instituciones políticas que están en crisis. Por tanto, criticar esos modelos de eficacia, esas relaciones de causa y efecto es otra de esas acciones del alteractivismo que están por fuera de la lógica y de la metafísica de la estatalidad moderna que no operan en la contemporaneidad, pero que parecen vigentes en la mentalidad de quienes esto critican. Luego, el alteractivismo no está un paso atrás, sino un paso adelante en la búsqueda de una nueva senda.

Conclusiones sobre el veto y el alteractivismo

Hemos dado un largo recorrido. Nos fue necesario recorrer la metáfora de *Los viajes de Gulliver* que pregunta por la forma en la que se rompe un huevo para entender que los movimientos sociales son una acción que viene desde abajo hacia arriba, y en nombre de la pluralidad. Es decir, que son una acción de *la política* y no de *lo político*. Ahora bien, en los últimos tres capítulos de nuestro libro era necesario entender la crisis del Estado y su vínculo con el capitalismo, el corazón de las tinieblas: y es que los movimientos sociales son una reacción al Estado y al capitalismo que habitan allí. ¿Qué aprendimos sobre los movimientos sociales en este camino? Son varias las cosas que quedan después de este recorrido.

Dados los cambios dentro del capitalismo ocurren entonces trasformaciones dentro de los Movimientos Sociales y dentro de la escuela funcionalista con las que se analizan estos últimos. Grandes transformaciones económicas relacionadas con la crisis del petróleo suponen un impacto importante en el Estado de bienestar de la democracia liberal, que de algún modo soportaba el problema de la redistribución de las ganancias económicas demandadas por los actores sociales. Hasta acá, tanto el análisis del estructuralismo marxista, como el análisis funcionalista de la Escuela de Chicago se concentraba en la redistribución económica, no necesariamente en el reconocimiento.

En este punto rastreamos, además, muchos cambios significativos en la forma y en los objetos de producción, tanto como el actor que se moviliza. Entonces, aprendimos que:

1. La transformación de un capitalismo que empieza a producir elementos personales de forma masiva, y por la tanto, de un hipercapitalismo que ataca el deseo de los consumidores.
2. El cambio en el sistema de valores, apoyado también en la conciencia histórica de la transformación tecnológica de la comunicación mucho más inmediata que supuso una confrontación con las tradicionales formas de poder institucional. Las variaciones en las tecnologías de la comunicación y la conectividad que permiten los aparatos modernos suponen una transformación social.
3. Esta transformación en la técnica de la comunicación está acompañada de otra más significativa y menos notoria: la transformación en la idea del tiempo, ya no visto como una línea infinita hacia el progreso, forma en el cual estaban vinculados tanto el marxismo como la democracia liberal. El tiempo ahora está más relacionado con el instante y lo inmediato.
4. La transformación en el tiempo impacta también en los propósitos de los movimientos sociales en esta visión del instante, ¿el poder para qué? La transformación del tiempo es entonces decisiva en la transformación de los valores culturales y en las metas que persiguen los movimientos sociales.

5. Esta comprensión distinta del tiempo y de la creación de valores, como una nueva propuesta, debe en gran parte sus ecos a la filosofía de Nietzsche, pensador que, por un lado, influye en algunos teóricos postestructuralistas; y, por otro, nos permite entender algunos elementos centrales de la sociedad contemporánea o postsocial. Vale anotar que Nietzsche es un pensador al que curiosamente los textos sociológicos no prestan atención suficiente, según nuestra interpretación de las trasformaciones de los movimientos sociales.

6. Esto nos ayuda a entender por qué aparecen cosas como el índice de Inglehart, o las revoluciones atómicas, de las que nos habla Guattari. Ya no se lucha contra el capitalismo; más bien, las transformaciones ahora son pacíficas y silenciosas construcciones de líneas de fuga de aquella opresión homogeneizadora de la vida del capitalismo y su sistema moral y de consumo.

7. Todos los anteriores elementos fueron entonces conjugados para unir los intentos de conceptualización de un nuevo actor social al que llamamos alteractivismo.

8. Este nuevo actor social es comprendido entonces como un sujeto urbano y con alguna educación, que usa las redes sociales para la construcción de su propia subjetividad y que, dentro de su subjetividad, se encuentran dentro de una postsociedad, es decir, en un mundo que separa las formas de producción y los actores sociales (Touraine A. , Despues de la crisis, 2013, pág. 103).

9. Una consecuencia política de ello es que el alteractivista más bien tiene por propósito la obstrucción del poder que su conquista.

10. De ahí que tanto su repertorio como sus metas tengan más bien por propósito el veto, pues toda esta configuración supone que el movimiento alteractivista no está interesado en tener una estructura y que sus métodos son más bien el *jamming* o la interferencia.

11. También revisamos algunas de las críticas que se hacen tanto a este movimiento como a sus conceptualizaciones, y observamos

que algunas de ellas son propias del desconocimiento, de la banalización, o de la solicitud injustificada de que estos conceptos y actores sociales sean pensados con los mismos criterios de una sociedad que el alteractivista crítica y rechaza. Dijimos también que el precio que hay que pagar por esta comprensión del activismo digital es estar relegado en los momentos de la negociación de la redistribución y de últimas en la fila del reconocimiento.

12. Termínanos con una observación simple: el movimiento social urbano y multicomunicado que denominamos "alteractivismo" coexiste con aquellos otros movimientos sociales, rurales o urbanos, de corte más funcionalista, y creemos que la tesis de Inglehart sigue vigente: ahí donde las necesidades materiales son superiores, los movimientos buscan la redistribución. Allí donde las comunidades viven la experiencia del menosprecio, su lucha busca el reconocimiento.

CONCLUSIONES SOBRE EL VOTO Y EL VETO

Cuando empezamos este libro nos proponíamos tres cosas, la primera hacer un texto de introducción a la transformación de los movimientos sociales desde una mirada filosófica. La segunda, responder cuatro preguntas: ¿Cuáles son las direcciones desde donde se puede ejercer el poder?, ¿cuáles son las definiciones de aquel poder? ¿cuál es la relación entre el poder estatal–el capitalismo y los movimientos sociales?, ¿Quiénes son los actores de la protesta social y cómo se transforman hasta llegar a las nuevas protestas sociales? La tercera, proponer una hipótesis en la que sostenemos que, el papel de Federico W. Nietzsche es importante en la transformación cultural que permite una mejor comprensión de los nuevos movimientos sociales.

De nuestro primer propósito hay que decir que hemos escrito un texto lleno de metáforas que tienen por propósito acercar el complejo tema de nuestro libro a los lectores que empiezan el análisis de la transformación y de los movimientos sociales. Hemos utilizado herramientas de diversas disciplinas entre las que destacan la filosofía, en particular la filosofía política, la historia, la sociología cualitativa y en ocasiones la literatura; terminamos acá un texto que le permitirá a un neófito ver la relación entre el Estado, la economía, y las formas en las que se articulan las transformaciones sociales; al mismo tiempo, con el lenguaje más claro y bello que nos fue posible, intentamos marcar cómo esas ideas dieron herramientas para interpretar realidades sociales, y también por supuesto, cómo esas realidades históricas y sociales alteraban o proporcionaban ideas para la interpretación de los movimientos sociales.

Nuestro segundo propósito era responder algunos interrogantes. Respecto a la primera pregunta ¿Cuáles son las direcciones desde donde se puede ejercer el poder? utilizamos la metáfora de los viajes de Gulliver sobre romper un huevo. Decíamos que no se trataba de una diferencia gramatical entre la política y lo político. Observamos que existe toda una línea teórica que entiende que lo político es una facultad de decisión que mantiene el orden al interior de una comunidad y evita el conflicto; ese conflicto puede ser por ejemplo un conflicto social. Así pues, para lo político, el poder es el ejercicio de las armas legítimas del Estado que tienen la responsabilidad del orden al interior de una comunidad. ¿quiere decir que acá no se puede protestar? al interior del pacto soberano dijimos, se puede protestar pero bajo la institucionalidad de una democracia representativa y de partidos. Lo cual resulta ser un inconveniente si algo al interior de la democracia liberal falla, tal y como mostrarnos después.

La otra forma de mirar el poder y la transformación social no es de arriba hacia abajo sino una forma horizontal y plural que va de abajo hacia arriba, esto es, la política. Quiere decir esto que el poder es una facultad que se ejerce producto de la acción concertada desde las distintas partes que integran una sociedad, y que en este caso quieren un cambio. El poder acá no solamente no es violento, el poder acá es una facultad de transformación a partir de acciones y dialogo.

Una vez vimos las dos formas de analizar la relación entre el poder y los movimientos sociales, nos remitimos al actor dentro del cual se manifiestan los movimientos sociales, el gigante estatal de la democracia liberal moderna. Que no nos quepa la menor duda, esta es una idea gigantesca: el respeto por los derechos individuales y las personas, las obligaciones del pacto de proteger la vida, la honra y los bienes al interior del pacto, y también una estructura que pretende el equilibrio de poderes fueron para su momento una idea gigantesca. Ahora bien, este gigante tiene pies de barro y cae sobre sus propios fundamentos.

El primer pilar sobre el cual la estructura de este gigante entra en dificultades es justamente el capitalismo, el corazón de sus tinieblas. Y es que como se resume en la gran frase del manifiesto comunista, el que trabaja no gana y el que gana no trabaja; desde entonces existe al interior de la democracia liberal una enorme tensión entre proteger la propiedad privada y redistribuir las ganancias y acumulación del capital, la propiedad privada y los medios de producción. Por ello, aprendimos en este libro, que todo análisis a propósito de los movimientos sociales debe estar acompañado de un análisis del tipo de capital que se mueve al interior del Estado. Dicho de otro modo, los movimientos sociales son un efecto o un hijo de las tinieblas que traiga la redistribución del capital. Nace acá una tensión que acompañará el desarrollo y la muerte del Estado liberal moderno, enunciado preciosamente por Rousseau: Una sociedad en donde hay gente con poco que tiene la necesidad de venderse, y otra poca gente con tanto que tiene la posibilidad de comprarlos.

Pero el capitalismo no es el único pilar complejo del Estado liberal moderno. El gigante se desgarra también desde otros ángulos: las teorías clásicas estatales entienden al soberano como responsable del pacto de protección y obediencia a razón de su propia geografía. Es decir, el estado nacional es el responsable de su soberanía en una geografía. Pero la modernidad desgarró esta teoría y la globalización es todo un problema porque no solamente importa beneficios, sino que exporta miserias, pandemias, gente humilde, etc. que en teoría tiene derechos garantizados por el derecho internacional, pero de la cual nadie se responsabiliza suficientemente. El segundo desgarramiento de este gigante está en la representación de sus instituciones. Esta representación impecable en sus aspectos formales habita tranquila y lejos de la realidad de la falta de representación. Es decir, la igualdad es meramente formal y estos ciudadanos -que al mismo tiempo son globales y locales- quedan excluidos no solamente del dinero y de los medios materiales, quedan también excluidos del reconocimiento y la representación política. Por último, los supuestos bajo los cuales nace la democracia, menta a una ciudadanía activa, informada, participativa, crítica, libre necesidades para poder atender los asuntos comunes; pero además, esta democracia parte del supuesto de que el sujeto es un ser racional; claro, en la práctica y en su día a día este es un sujeto, está bastante ocupado como para la política, cuando no directamente desinteresado, bullente y lleno de pasiones, y por lo tanto, las decisiones políticas son tomadas sobre todo desde el vientre y no desde la cabeza.

Con este panorama en el que confluyen la diferencia del poder visto desde arriba y el poder visto desde abajo, con el desplome del gigante estatal, y en medio del corazón de las tinieblas que produce el capitalismo por su falta de redistribución de los bienes materiales, nacen los actores de los movimientos sociales.

El complejo edificio social tiene sus bases al movimiento obrero. Acompañados del brillante análisis que para su momento hace Karl Marx entendimos que los de arriba ganan y no trabajan, y los de abajo, trabajan y no ganan. Destinados a tomar conciencia de su explotación en las fábricas creadas para su trabajo, el movimiento obrero ganó cosas significativas: la primera de ellas el voto. Pero también seguridad laboral y la disminución de las jornadas de trabajo, entre otras. Con la transformación del capitalismo industrial al capitalismo fordista también se transformó el actor protagónico de esta historia, pues el capitalismo fordista incluía dentro de las posibilidades de consumo al obrero de la fábrica que llenaba su casa de los artículos que él también producía. Esta transformación nos llevó a cambiar de escuela de análisis y de geografía.

Llegamos a la escuela de la movilización racional de los recursos, una escuela fundamentalmente norteamericana que analiza los movimientos sociales a partir de otras ideas diferentes a la de la estructura de clases de *El capital* y el *Manifiesto comunista*.

Esta escuela entiende que no existe un único actor de la transformación social, por ejemplo, la clase obrera, sino diversos intereses de diversos grupos que se asocian en función de intereses comunes. Esto lleva a entender que la movilización social es el resultado de una ponderación: ¿qué gano si salgo a marchar? ¿qué pierdo si no salgo a marchar? Esta escuela, que es norteamericana fundamentalmente, tiene grandes exponentes como Ch. Tilly y S. Torrow, pero también en Europa encontramos grandes exposiciones tales como la de la profesora italiana Donatella della Porta. Estos entienden que los ciclos sociales de transformación se asemejan no a la estructura de un edificio de dos plantas, como decimos en la metáfora el estructuralismo marxista, sino que más bien estos diversos actores tienden una escalera por donde pasa la transformación social.

Así, primero la falta de redistribución o de reconocimiento de los distintos actores hacen que se unan. Esta unidad bloquea las calles y el normal desarrollo de la economía y el orden con lo cual se genera presión para la intervención y atención del Estado. Acá empieza otra etapa de la escalera del movimiento social, porque aquellos motivos de protesta se dialogan y se vuelven proyectos de ley, pero en esta negociación los actores de la presión más débiles son excluidos de la negociación, porque tienen menos brazo o fuerza de negociación y desciende nuevamente a la búsqueda por el reconocimiento o la redistribución; Por su parte, los actores más fuertes logran asociarse y hacer de sus intereses un proyecto de ley que se va vigilado para su correcta ejecución, cuando esto es así, decimos que hay una transformación social.

Pero esta teoría de la movilización de los recursos entra en déficit de explicaciones en distintas circunstancias. ¿cómo entender los movimientos que expresan su solidaridad por nuevas redes de comunicación con países lejanos y sin nada a cambio? ¿qué hacemos con aquellos protestantes profesionales, es decir con los líderes sindicales que son focos de corrupción y le quitan legitimidad a los movimientos? ¿qué hacemos con las circunstancias materiales que no permiten la continuidad de la protesta?, dicho de otra manera, la movilización social de los recursos se enfrenta con un problema no menor y es que la policía esta paga para detener las protestas en cambio nadie es un huelguista profesional; y sobre todo ¿cómo analizamos a una serie de actores que van naciendo y que no tienen un propósito de transformación política- jurídica, sino propósitos de transformación cultural y no material? Y antes de esto, revisemos algo, ¿qué pasó con las luchas armadas que intentaron la transformación social por estas vías? Poco o nada, dijimos.

Para dicha respuesta tenemos un elemento empírico contundente: Estadísticamente hablando las luchas armadas no dieron los resultados que algunos discursos sostienen. Con el contundente trabajo de dos politólogas norteamericanas se pudo mostrar con cifras (menos del 15 %) el bajo nivel de eficacia de la transformación social por vía insurreccional (Chenowhet, E. Sthepan M., 2005) su análisis estadístico de 100 años de conflicto armados en el planeta, mostró qué los movimientos de insurrección incrementaron los muertos y le dieron legitimidad en el uso de las armas a Estados que probablemente carecían de algún tipo de legitimidad social.

Pero adicionalmente señalamos un problema conceptual y otro antropológico: del primero dijimos que, las revoluciones armadas no podían evitar la paradójica situación de salirse del Estado para desaparecer, bien porque son eliminados en el conflicto, o bien porque entran victoriosos y armados para convertirse en su antítesis, es decir, en el nuevo Estado, la mayoría de las veces un nuevo estado tiránico y violento. Lo cual nos lleva al elemento antropológico: allí donde median los instrumentos, por ejemplo, las armas, se distancian los seres humanos; y es que la idea de la naturaleza política del hombre significa que su capacidad de transformación de las sociedades se da por vía de acciones dialogantes y no de acciones armadas. Luego, los intentos armados son poco eficientes, según la estadística. Paradójicos, según la lógica, deshumanizantes, según la antropología y la filosofía aristotélica.

Entonces, ¿a dónde se fueron los movimientos sociales?

Mientras los destellos y las bombas de la Transformación Social por vía armada llamaba la atención, una revolución silenciosa y más profunda se gestó a finales del siglo pasado. F. Guattari nos enseñó que la revolución no se llevaría a cabo con la toma de los Palacios reales, sino que más bien, la resistencia al capitalismo global yacía en las capas blandas del cerebro que entendían que el control venía por medio de los deseos, así, modificando los deseos se podía abrir una línea de fuga ante semejante gigante sutil, el nuevo capitalismo. Dicho de otra manera, las revoluciones las hacen las pequeñas partículas, los átomos, y no los grandes conglomerados.

Pero esto no es solamente una idea de un lector de Nietzsche, esto puede demostrarse empíricamente: el ejercicio sociológico presentado en más de 25 países por Ronald Inglehart nos mostró justamente cómo las razones por las cuales la gente sale a protestar han venido variando significativamente, y allí donde hay necesidades materiales se busca la reivindicación material o redistribución, pero cada vez son más son los lugares y las personas que protestan en función del reconocimiento de bienes no materiales, que luchan por el reconocimiento de su subjetividad, o por el sostenimiento de esta en un mundo globalizado que las devora. Así pues, este mapa nos demuestra que las revoluciones son silenciosas y que no necesariamente buscan tomarse el poder o conquistar el voto. Acá empezamos a ver que las transformaciones sociales han creado un actor que quiere el veto.

Pero detengámonos acá, porque acá se juega parte de nuestra tesis. Si bien este es un libro que tenía pretensiones pedagógicas de introducir en análisis de la transformación de los movimientos sociales, hemos querido jugar una apuesta: sosteníamos que la obra de Nietzsche era importante para entender el último tramo hacia el cual se habían dirigido los movimientos sociales. Esto a razón de varias cosas y es que, aunque Nietzsche es poco citado en los libros de sociología sobre los movimientos sociales, una mirada filosófica de la transformación cultural de los finales del siglo anterior nos permite sentir su presencia en varios niveles.

Primera. La idea de la muerte de Dios representa un significado complejo en muchos sentidos o ámbitos de la cultura humana. Quiere decir que aquellas cosas que dieron sentido ya no son capaces de hacerlo, entre éstas destacan la idea del Estado, y con ello la idea de la resistencia en confrontación al Estado. Por eso acá insistimos en que muerto el Dios del Estado, también muere el guerrillero diablo. Segunda. la influencia de Nietzsche no se siente en los nuevos movimientos sociales porque esté citado directamente o sea un modelo teórico que inspira al movimiento social, como podríamos pensar, por ejemplo, Marx es una influencia directa y decisiva del movimiento obrero; sin embargo, los pensadores franceses del post estructuralismo son pensadores claramente influidos cuando no profesores o autores de libros importantes sobre el pensamiento de Nietzsche. Esto ocurre en el caso de Michael Foucault, de Alain Touraine, de F. Guattari, G. Players. Tercera. La filosofía de Nietzsche nos lleva pensar hoy en el cuerpo y desde ahí en las subjetividades que habitan aquellos cuerpos. Como se marcó, el alteractivismo es el último actor de los movimientos sociales y se enfrenta a la economía global desde su cuerpo, hace de este su trinchera. Cuarto. Los propósitos de los alteactivistas no son tanto la toma del poder político, sino más bien la transformación de valores que subyacen en la cultura. De allí que estos grupos no se muestran interesados en los valores de la tradición, ni tampoco en la reproducción de sus estructuras. No podemos dejar de ver que esta transformación cultural ajena a lo estatal y sus modos deconstruidos que revindica el cuerpo y la subjetividad está muy relacionada con la propuesta del autor del *Así Hablò Zaratrusta*.

Entramos entonces a la última fase de nuestro análisis. Vimos que habían razones suficientes para pensar en una influencia del citado autor alemán en este nuevo actor: Pero este nuevo actor nace también a razón de un cambio dentro del capitalismo y en un contexto de transformación técnica y tecnológica; Esto último nos hizo dar una mirada por el contexto de transformación del capitalismo que ya no produce cosas a partir de la explotación de los recursos (como el capitalismo industrial del que habló Karl Marx, o el capitalismo fordista del que se ocupó la escuela de la Movilización Racional de los Recursos de Tilly y Torrow), sino que más bien es un capitalismo que produce y explota datos. Esta transformación del capitalismo se da en medio de un planeta lleno de fibra óptica, un mundo globalizado que escucha a Bon Jovi y mira por tv Betty la Fea, pero que también se comunica por esa misma fibra óptica para denunciar los abusos de poder en distintas partes y que coordina desde ahí sus acciones. Pero, sobre todo, desde las redes encuentra fuerzas para el desarrollo de sus propias subjetividades al interior de la comunidad humana.

Así entonces, el alter activismo está más interesado encontrar o construir su subjetividad y en bloquear los abusos de poder que en transformar las instituciones. Utiliza para estos distintas herramientas que pasan fundamentalmente por las redes de comunicación; allí encuentra primero su subjetividad, pero también logra por medio de las redes sociales unirse a otras y manifestar su descontento ante lo que ocurre. No tienen una estructura, no tienen una serie mínima de valores intachables sobre los cuales regir su comportamiento, más bien sus modos de comunicación y sus intereses van fluyendo conforme van fluyendo también aquellos actores a los cuales se quieren oponer, y digamos nuevamente se quieren oponer para vetar. Ahí está su triunfo. Si los primeros actores ganaron con la participación el derecho al voto los últimos en su apoliticidad y en su descrédito por los valores políticos de la tradición conquistaron el veto.

En esta difícil reconstrucción sobre este nuevo actor que llamamos alteractivista no somos pioneros. Mérito enorme tienen los trabajos de Gregory Plyers sobre los movimientos sociales del siglo veintiuno, y el brillante libro de Emiliano Terré sobre el activismo digital hibrido; sin embargo, novedosos resultó explorar la influencia de Nietzsche en estos nuevos movimientos, cosa que en la sociología tradicionalmente se omite y se habla de la trasformación cultural sin detenerse a pensar en esta influencia; el segundo mérito que pueda tener este ensayo es el de sistematizar y actualizar a ese nuevo actor, así como también las objeciones posibles que se hacen de manera dispersa. Acaso nos conformemos con esto como una victoria o mérito del libro.

Quedará pendiente analizar la relación entre este alteractivismo y la disputa por el reconocimiento y la redistribución. ¿acaso es un actor que está más interesado en el reconocimiento que en la redistribución? Otro elemento, no menor, es pensar a este actor global- urbano con algún nivel de educación dentro de las teorías de la decolonialidad. Este ángulo decolonial acá lo excluimos desde el inicio porque no era el interés de nuestro ensayo, y porque sabemos que estos caminos vienen siendo altamente transitados por otros. Por último, un elemento a pensar es ¿sí la crisis ambiental que afecta a todo el planeta podría devorar la agenda de los diversos movimientos sociales, y el eliminar los asuntos de clase, o de género, etc.?, ¿tendremos que hablar de un nuevo tipo de movimiento social global de una única agenda?, ¿será el alteractivista un grupo encargado de "unificar" los diversos actores sociales en nombre de un interés, el planeta? Estas son preguntas que quedarán para otra ocasión, por ahora permítanme dar una respuesta tomando prestadas unas líneas de una carta que Dostoievski enviará desde Siberia "diría que soy hijo de estos tiempos de descreimiento y olvido, y es probable, hasta seguro, que lo siga haciendo mientras vivo"

Bibliografía

Adorno, T. (2006). La personalidad autoritaria. *EMPIRIA. Revista de Metodología de Ciencias Sociales. N.012, julio-diciembre, 2006*, 155- 206.

Arendt, H. (1995). *De la historia a la Accion.* Buenos Aires: Paidós.

Arendt, H. (1998). *Origenes del Totalitarismo.* Madrid: Taurus.

Arendt, H. (2000). *La condicion humana.* Barcelona: Paidos.

Arendt, H. (2005). *Sobre la violencia.* Madrid: Alianza

Arendt, H. (2006). *¿Qué es política?* Madrid: Alianza.

Arendt, H. (2006). What is authority. En H. Atendt, *Between Past and Future* (págs. 91-142). New York: Penguin.

Arendt, H. (2008). *La promesa de la política.* Barcelona: Planeta.

Aristóteles. (1982). *Ética a Nicómaco.* Madrid: Gredos.

Aristóteles. (1990). *Poética.* Buenos Aires: Monte Ávila.

Aristóteles. (2010). *Retórica.* Buenos Aires: Eudeba.

Aristóteles. *Politeia.* Bogotá: Caro y Cuervo.

Bauman, Z. (2016). *Estado de crisis.* Madrid: Paidós.

Beauzamy, B. (2004). Le contre-sommet, une action directe contre la mondialisation ? *Globalisation, Tome I*, 53-70.

Benjamin, W. (2007). *Sobre el concepto de historia (1940).* Madrid: Alianza.

Berti, E. (2012). *Aristóteles.* Madrid: Gredos.

Bourdieu, P. (1998). *Sobre la televissión* Barcelona: Anagrama.

Castells, M. (2018). *Comunicaciòn y poder.* Barcelona: Alianza.

Castells, M. (2020). *Ruptura.* Madrid: Alianza.

Champeau, S. (2012). *Internet y el futuro de la democracia.* Barcelona: Paidós

Chenowhet, E. (2005). *Why the civil resitence works.* Columbia: Columbia University Press.

Corbetta, E. (2002). La política y lo político. En D. Jorge, *Carl Schmitt, su época y pensamiento* (págs. 229-255). Buenos Aires: Eudeba.

Cruells, M. (1967). *Los movimientos sociales en la era industrial.* Barcelona: Labor.

Danz, E. (2012). *The Net Delusion: The Dark Side of Internet Freedom.* New York: PublicAffairs.

Della Porta, D. (2011). *Los movimeintos sociales.* Madrid: Universidad Complutense de Madrid.

Descartes, R. (2006). *El discurso del método.* Buenos Aires: Losada.

Donato, O. (2006). *Autoridad y emistad: Schmitt, Uribe y el combate de los conceptos.* Bogota: Ibáñez.

Dotti, J. (2011). Algunas consideraciones sobre la representacion en T. Hobbes. En Donato, *Carl Schmitt, análisis crítico a su obra* (pág. 217). Bogotá Universidad Libre.

Echevarría, V. (2019). Los memes como entretenimiento político. *Revista Mexicana de opinión pública*, 1-12.

Erick, H. (1957). *The liberal temper in Greek Politics.* New York: Yale ~~Press.~~

Fireside, B. J. (2002). The Haymarket Square riot trial. En B. J. Fireside, *The Haymarket Square riot trial* Chicago.

Freud, S. (2006). *Más allá del príncipio del placer.* Madrid: Akal.

Freud, S. (2012). *Introducción al Narcicismoy otros ensayos* Madrid: Alianza.

Ganshof, F.-L. (1964). *Feudalismo.* Barcelona: Ariel.

Gemkow, H. (1975). *Marx, biografía completa.* Buenos Aires: Cartago.

Ghonim, W. (2012). *Revolution 2.0 The power of the people is greater than the people in power Fourth Estate.* Londres: Fourth Estate.

Gil, F. (2022). *Cultura de la corrupción* Madrid: Maaia.

Goff, B. (January 2016). Introduction: The Legacy of Greek Political Thought. *Classical Receptions Journal, Volume 8*, 1-10.

Guattari, F. (2017) La *revolución molecular. Madrid*

Hegel, G. (2009). *Fenomenología del espíritu.* Madrid: Editorial ABADA.

Helliwell. (2019). *World Happiness Report.* Washintong: Naciones Unidas.

Herman, M. (2005). *The Tradition of Ancient Greek Democracy and Its Importance for Modern Democracy.* New York: Euben.

Agustín *La ciudad de Dios.* Madrid: BAC.

Hobbes, T. (2002). *Leviathan.* New York: Touchstone.

Hobbes, T. (2003). *Leviatán.* Buenos Aires: Losada.

Hobbes, T. (2009). *Elementos filosóficoss del ciudadano.* Madrid: Tecnos.

Hobsbawm, E. (2007). *Historia del siglo XX.* México: Siglo del Hombre.

Hobsbawm, E. (2011). *La era del capital.* Madrid: Crítica.

Hosbsbawm, E. (2016). *En torno a los orígenes de la revolución industrial.* Madrid: Siglo del Hombre.

Honneth, A. (1992). *La lucha por el reconocimientos.* Madrid: Crítica.

Honneth, A. (2011). *La soceidad del desprecio.* Madrid: Trotta.

Hugo, V. (2010). *Les miserables.* Paris: De poche.

Iglesias, P. (2009). *El movimiento global y las contracumbres. Una reflexión sobre la visibilidad.* Madrid: Documentacion social.

Inglehart, R. (2018). Cultural Evolution: People's motivation are changing, and reshaping the word. Cambridge:Cambridge University.

Inglehart, R. (2015). *The Silent Revolution.* Princeton: Princeton University.

Kant, I. (2008). *Crítica de la razón práctica.* México: UNAM.

Kant, I (2005). *Crítica de la razón pura.* México: Fondo de Cultura Económica.

Klenner, A. (2002). En torno a la filosofía del derecho de Hegel: cuestiones y objeciones. *Polis*, 1-16.

Laclau, E. (2005). *La razó populista.* Buenos Aires: Fondo de Cultura Económica.

Le Goff, J. (2007). *La edad media resumida.* Barcelona: Paidós.

Levitsky, S. (2018). *Cómo mueren las democracias.* Madrid: Ariel.

Lhumann, N. (2000). Contradicción y conflicto. En N. Lhumann, *Sistemas sociales* (págs. 324-362). México: Universidad Autónoma de México.

Locke, J. (2014). *Tratados sobre el gobierno civil.* Madrid: Alianza.

Maquiavelo, N. (2011). *Il Principe.* Milano: Feltrinelli.

Marx, C. (2004). *El capital.* Madrid: Siglo XXI.

Marx, C. (2014). *Introducción a la crítica de la filosofía del derecho de Hegel.* Pre-Textos

Marx, C. (2006). *Manifiesto del partido comunista.* Madrid: Alianza.

Marx, C. (2011). *El XVIII Brumario de Luis Bonaparte.* Buenos Aires: Claridad.

Matilla, M. J. (2018). *Sufragismo y feminismo en Europa y América (1789-1948).* Madrid: Sítesis.

Melucci, A. (1980). The new social movements: A theoretical approach. *Seage Journals*, 22.

Merrington, H. y. (1977). *La transición del feudalismo al capitalismo.* Barcelona: Crítica.

Mosses, F. (2003). *Démocratie antique et démocratie moderne.* Paris: « Petitte bibliothèque ».

Mudde, C. (2019). *Populismo.* Madrid: Alianza.

Mukhongo, L. L. (2020). Participatiory Media Cultures. Humor and online Political Contestation in Kenya. *Africa Spectrum*, 148-169.

Muller, J. (2017). *Qué es el populismo.* Madrid: Grano de sal.

Nietzsche, F. (1982). *Crepúsculo de los idolos.* Madrid: Alianza.

Nietzsche, F. (1994). *El caminante y su sombra.* Madrid: M.E Editores.

Nietzsche, F. (1998). *Asi habló Zaratustra.* Madrid: Alianza.

Nietzsche, F. (2007). *Humano demasiado Humano.* Madrid: Akal.

Nietzsche, F. (2007). *Más allá del bien y del mal.* Madrid: Alianza.

Nietzsche, F. (2011). *La gaya ciencia.* Madrid: Edaf.

Nietzsche, F. (2015). *Sobre verdad y mentira en sentido extramoral.* Madrid: Tecnos.

Nussbaum, M. (2012). *Las fronteras de la justicia.* Madrid: Paidós.

Nussbaumm, M. (2010). *Sin fines de lucro.* Buenos Aires: Katz.

Nussbaumm, M. (2014). *Emociones políticas.* Bogotá: Planeta.

Pastrana, A. (2019). Estudios sobre la corrupción en América Latina. *Revista mexicana de opinión pública*, 1-10.

Piketty, T. (2015). *El capital en el siglo XXI.* México: Fondo de cultura Económica.

Piketty, T. (2019). *Capital e ideología.* Madrid: Ariel.

Piketty, T. (2021). *Breve historia de la igualdad.* Madrid: Ariel.

Platón. (2010). *Republica.* México: UNAM.

Pleyers, G. (2019). *Movimientos sociales en el siglo XXI.* Buenos Aires: Icaria.

Polibio. (2016). *Historias.* Madrid: Gredos.

Pretel, D. (2011). *Dudar de todo: sobre el marxismo y el futuro de la izquierda.* Buenos Aires: A-Z EDICIONES.

Rey-Valette, H. (1986). *Historia económica del capitalismo industrial.* Madrid: Vuibert.

Ricoeur, P. (2016). *Caminos del reconocimiento.* México: Fondo de Cultura Económica.

Riesman, D. (1958). Mass leisure. *The free press of Glencoe,* 363-386.

Ronderos, M. T. (2007). *El muy serio arte del humor.* Bogotá Universidad La Gran Colombia.

Rorty, R. (2011). *Contingencia, ironía y solidaridad.* Madrid: Paidós.

Rosanvallon, P. (2006). *La contrademocracia.* Madrid: Manantial.

Rosanvallon, P. (2019). *El siglo del populismo.* Buenos Aires: Manantial.

Ross, D. (1957). *Aristóteles.* Buenos Aires: Sudamericana.

Rousseau, J. (2003). *El contrato social.* Buenos Aires: Losada.

Sánchez, D. (2008). La muerte negra: el avance de la peste. *Revista Med Volumen 16 · No. 1–Enero -,* 1-3.

Saramago, J. (2015). *Ensayo sobre la ceguera.* Bogotá:Punto de lectura

Saramago, J. (2015). *Ensayo sobre la lucidez.* Bogotá:Punto de lectura

Santibáñez, C. (2018). Teoría social y memes. *a Dante Ra,* 1-9.

Schimitt, C. (2006). *El Levithan en la teoría de Thomas Hobbes.* Buenos Aires: Sthuarth.

Schmitt, C. (2006). *The concept of the politics.* New York: Penguin.

Simona, F. (2008). *El totalitarismo.* Barcelona: Herder.

Sopó, A. (2007). El concepto hegeliano de formación. una aproximaciónl *Logos,* 39-47.

Srnicek, N. (2018). *Capitalismo de plataformas.* Buenos Aires: Caja Negra.

Stanley, R. (2002). *The ancients and the moderns.* New York: Yale Press.

Strauss, L. (2006). *La filosofía política de Hobbes, su fundamento y génesis.* Buenos Aires: Fondo de Cultura Económica.

Strauss, L. (1988). *Persecution and art of writing.* Chicago.

Strauss, L. (2011). *Derecho natural e historia.* Buenos Aires: Prometeo.

Strauss, L. (2012). *Educación Liberal. B*uenos Aires: Katz.

Strauss, L. (2014). *Qué es filosofía política.* Barcelona: Alianza.

Swift, J. (1993). *Los viajes de Gullivert.* Madrid: Planeta.

Tablante, C. (2020). *El impacto de la corrupción en los derechos humanos.* Querétaro: Instituto de Estudios Constitucionales de Querétaro.

Tarrow, S. (2018). *El poder en movimiento.* Madrid: Alianza.

Tascon, M. (2012). *Ciberactivismo.* Madrid: Catarata.

Taylor, C. (2007). Politics. En B. Jonathan, *Cambridge Companion to Aristotle* (págs. 233-299). *Cambridge*: *Cambridge*

Terré, E. (2020). *Activismo mediático híbrido.* Bogotá: Fescomunicación.

Thoreau, D. (2017). *Del deber de la desobediencia.* Bogotá: Rocca Editorial.

Touraine, A. (1992). *Informe ante la ONU.* Londres: ONU .

Touraine, A. (2009). *La mirada social.* Buenos Aires: Paidós.

Touraine, A. (2013). *Después de la crisis.* Buenos Aires: Fondo de Cultura Económica.

Touraine, A. (2016). *El fin de las sociedades.* México: Fondo de Cultura Económica.

Ullan de la Rosa, F. (2016). *Teoria de los movimientos sociales.* Alicante: Alcántara.

Vahabzadeh, P. (2001). Critical . *The canadian Journal of sociology*, 611-633.

Valencia, C. (2014). *Movimientos sociales e intenet.* Bogotá: Universidad Javeriana.

Van Dijck, J. (2016). *La cultura de la conectividad.* Buenos Aires : Siglo XXI.

Waisbord, S. (2015). La comunicacion en mutacion. En A. A, *La comunicacion en mutacion* (pág. 200). Bogota: FESCOMUNICACION.

Wallace, A. (4 de 06 de 2020). Muerte de George Floyd. *BBC*, págs. 1-5.

Wark, M. (2021). *El capitalismo ha muerto.* Barcelona: Holobioente.

Weber, M. (2007). *La política como profesión.* Madrid: Biblioteca Nueva.

Wheen, F. (2001). *Karl Marx: A Life.* New York: Norton Press.

Cibergrafía, noticias e informes

Agenda APD. (1 de 2 de 2022). *Agenda APD*. Obtenido de Agenda APD: https://www.apd.es/empresas-afectadas-por-ciberataques/

Archivo de Chile, h. p. (30 de septiembre de 2022). *Archivos de Chile*. Obtenido de Archivos de Chile: http://www.archivochile.com/Homenajes/1mayo/1mayo002.pdf

Banco de la república. Obtenido de Banco de la república: https://www.datos.gov.co/Educaci-n/ESTADISTICAS-EN-EDUCACION-BASICA-POR-DEPARTAMENTO/ji8i-4anb https://www.datos.gov.co/Educaci-n/ESTADISTICAS-EN-EDUCACION-BASICA-POR-DEPARTAMENTO/ji8i-4anb

BBC. Jonestown, 40 años después: ¿cómo ocurrió "el mayor suicidio colectivo de la historia"? (2 de 10 de 2022). *BBC MUNDO*. Obtenido de BBC MUNDO: https://www.bbc.com/mundo/noticias-46174209

BBC (03 de 06 de 2020). "La idea de que América Latina es menos racista que EE.UU. es falsa". *BBC Mundo* págs. 1-10. Fuente, A. https://www.bbc.com/mundo/noticias-america-latina-52922526

Beethoven, L. V. (27 de 06 de 1824). *YouTube*. Obtenido de Youtube: https://www.youtube.com/watch?v=thEJQF8a2-M

Bell, J. G. (11 de 10 de 2019). *Asuntos legales*. Obtenido de Asuntos legales: https://www.asuntoslegales.com.co/actualidad/desde-que-ivan-duque-llego-a-la-presidencia-el-pais-ha-tenido-una-protesta-social-cada-dos-dias-2919989

Blue Radio (01 de 02 de 2022) Obtenido de Blue Radio: https://www.bluradio.com/tecnologia/hackeos-a-entidades-publicas-demuestran-que-la-institucionalidad-es-insuficiente-experto-rs15

Boletin del aseguramiento en salud. (10 de 06 de 2019). Obtenido de Ministerio de Salud: https://www.minsalud.gov.co/proteccionsocial/Regimensubsidiado/Paginas/coberturas-del-regimen-subsidiado.aspx

Cauca CRI (15 de 11 de 2019). *Estudiantes reciben a las comunidades indígnas en Bogotá*. Obtenido de Consejo Regional Indígena del Cauca: https://www.cric-colombia.org/portal/paro-nacional-guardia-indigena-del-cauca-rumbo-a-bogota/

Comunicado de prensa del Banco Mundial (2020). Comunicado de prensa. *Comunicado de prensa del Banco Mundial , desarrollo digital* (pág. 1). Washintong: Banco Mundial. https://www.bancomundial.org/es/topic/digitaldevelopment/overview

Conflict Data Program. Michigan University (1 de octubre de 2022). Obtenido de Conflict Data Program: https://ucdp.uu.se/encyclopedia

Consultor Salud INVIMA. (2 de 2 de 2022). *Consultor Salud INVIMA.* Obtenido de Consultor Salud INVIMA: https://consultorsalud.com/invima-objeto-ataque-cibernetico/#:~:text=fuga%20de%20informaci%C3%B3n%3F-

Economist, democracy index (13 de 2 de 2022). Obtenido de https://www.eiu.com/n/campaigns/democracy-index-2020/

Estudio trimestral de cyberataques a entidades de gobierno. (2 de 2 de 2022). *Camara Colombiana de informatica y telecomunicaciones.* Obtenido de Camara Colombiana de informatica y telecomunicaciones: https://www.ccit.org.co/estudios/estudio-trimestral-de-ciberseguridad-ataques-a-entidades-de-gobierno/

Informe UNICEF. (2019). *1 de Cada tres personas en el mundo carece de agua potable.* New York: Unicef. https://www.unicef.org/es/comunicados-prensa/1-de-cada-3-personas-en-el-mundo-no-tiene-acceso-a-agua-potable

Inglehart cultural map of the word en *Inglehart cultural map of the word.* Obtenido de Inglehart cultural map of the word: https://web.archive.org/web/20100527103701/http://www.worldvaluessurvey.org/wvs/articles/folder_published/article_base_54

Ministerio de Salud (3 de 12 de 2019). Obtenido de www.minsalud.co: https://www.minsalud.gov.co/salud/Paginas/CoberturasdelR%C3%A9gimenSubsidiado.aspx

Organización de los Estados Americanos (10 de 3 de 2019). *OEA,.* Obtenido de OEA, Organización de los Estados Americanos: https://www.oas.org/es/sap/docs/deco/estudioparticipacionca2015_s.pdf

RCN.COM. (10 de 06 de 2019). *RCN.COM.* Obtenido de RCN.COM: https://noticias.canalrcn.com/nacional-pais/ocho-cada-cien-habitantes-colombia-no-tienen-agua-potable

Ríos J. (29 de 11 de 2019). *ElTiempo.com.* Obtenido de El Tiempo.com: https://www.eltiempo.com/colombia/mas-de-150-indigenas-llegaron-a-bogota-para-apoyar-el-paro-asi-fue-su-viaje-438956

The World Values Survey (8 de 10 de 2022). *https://www.worldvaluessurvey.org/wvs.jsp.* Obtenido de https://www.worldvaluessurvey.org/wvs.jsp